8,20
1012011

10
18

12, AVENUE D'ITALIE. PARIS XIIIe

Sur l'auteur

Ressortissant britannique né en 1948 au Zimbabwe, où il a grandi, Alexander McCall Smith vit aujourd'hui à Édimbourg et exerce les fonctions de professeur de droit appliqué à la médecine. Il est internationalement connu pour avoir créé le personnage de la première femme détective du Botswana, Mma Precious Ramotswe, héroïne d'une série qui compte déjà onze volumes. Quand il n'écrit pas, Alexander McCall Smith s'adonne à la musique – il fait partie de l'« Orchestre épouvantable » – et aux voyages. Il est également l'auteur des aventures d'Isabel Dalhousie, présidente du Club des philosophes amateurs et de *44 Scotland Street*, qui inaugure les « Chroniques d'Édimbourg », un roman-feuilleton relatant les tribulations d'un immeuble peuplé de personnages hauts en couleur.

ALEXANDER McCALL SMITH

L'IMPORTANCE D'ÊTRE RECONNAISSANT

Traduit de l'anglais
par Martine SKOPAN

10
18

« Grands Détectives »

créé par Jean-Claude Zylberstein

ÉDITIONS DES 2 TERRES

Titre original :
The Lost Art of Gratitude
(Éditeur original : Little, Brown, Londres)

ISBN 978-2-264-05181-3

À Roger Cazalet,
avec toute ma reconnaissance.

Chapitre 1

Isabel Dalhousie, philosophe et directrice de la *Revue d'éthique appliquée*, s'interrogeait sur le comportement de ses semblables. Isabel avait le sommeil très léger, contrairement à Charlie, son fils de dix-huit mois, qui dormait comme un bienheureux. Jamie se situait entre les deux. Non qu'Isabel eût du mal à s'endormir. Une fois décidée, elle n'avait qu'à fermer les yeux, et immanquablement sombrait dans l'inconscience. Quand elle se réveillait la nuit, avant l'aube, à l'heure mélancolique où le corps et l'âme sont souvent engourdis, elle appliquait la même technique : elle se disait que l'heure n'était pas à la réflexion et cela suffisait pour qu'elle se rendorme bien vite.

Recherchant les causes de ce phénomène, elle en avait discuté avec un ami, spécialiste des troubles du sommeil, non pas à son cabinet, mais lors d'un dîner où ils s'étaient retrouvés assis l'un à côté de l'autre.

Elle avait ainsi pu évoquer son cas discrètement sans attirer l'attention.

– Ça m'ennuie de te parler boutique… avait-elle commencé.

– Mais…

– Mais je vais le faire… C'est terrible pour un médecin de ne pas pouvoir se rendre à un dîner sans être immédiatement harcelé par un inconnu qui vient l'entretenir de ses douleurs d'estomac.

– Tu as des douleurs d'estomac ?

– Pas du tout.

Il avait souri.

– C'est une vieille ficelle. On me dit : « J'ai un ami qui a des rougeurs, je me demande ce que ça peut bien être. » Des gens qui sont gênés de parler de leurs problèmes, j'en vois tous les jours.

– Mais ça doit quand même t'agacer qu'on te parle médecine ?

– *Nihil humanum mihi alienum est*, comme on dit en latin. Rien d'humain ne m'est étranger. Ce devrait être la devise de tous les médecins, comme des prêtres.

– Mais il arrive souvent que les prêtres portent des jugements, avait rétorqué Isabel, que la comparaison n'avait pas convaincue. Contrairement aux médecins, et puis de toute façon, ce n'est pas leur rôle. Je suppose que toi-même, tu ne juges pas tes malades ?

– Sauf quand je suis témoin d'un comportement suicidaire, par exemple un patient qui vient consulter pour des troubles cardiaques chroniques et dont les doigts empestent la nicotine. Là, j'interviens.

Quand on voit un type qui boit pas mal et qui se plaint du foie, il faut bien lui expliquer la cause de son problème.

– Mais j'imagine que tu n'en rajoutes pas dans la culpabilité. Tu ne lui dis pas que c'est un imbécile et que tout est de sa faute, même si c'est visiblement le cas ?

– Un prêtre invoquerait le bien et le mal, pas un médecin, avait-il admis.

L'air bienveillant et un peu démodé, il était l'archétype du médecin tel qu'on le trouve parfois à Édimbourg, étranger aux considérations d'argent ou d'ambition qui trop souvent dénaturent la profession. Qu'un médecin se conduise en homme d'affaires, c'était pour Isabel une tragédie éthique. Qui donc demeure altruiste aujourd'hui ? Les enseignants, les bénévoles des associations caritatives, les avocats défendant les intérêts publics... La liste était assez longue, somme toute. Certainement plus longue, même, qu'elle ne l'avait jamais été. Il faut se montrer prudent quand on se mêle de commenter l'état actuel de la société, et ne pas suivre l'exemple de Caton l'ancien : déplorant jour après jour le déclin de toutes choses, ce vieux poseur avait oublié qu'après quarante ans, on a tous l'impression d'être sur une pente descendante. En revanche, lorsque les jeunes de dix-huit ans se mettront à clamer partout « *O tempora ! O mores !* », il faudra vraiment s'inquiéter. Cela dit, comme ils n'apprennent plus le latin, ils en seraient bien incapables.

– Toi, tu vas me poser une question, avait-il dit.

Il n'ignorait pas le goût d'Isabel pour les digressions, sa tendance à susciter des complications philosophiques autour des questions les plus simples.

– Pourquoi certaines personnes ont-elles le sommeil léger ? avait demandé Isabel, s'empressant de préciser que c'était son cas.

– Moi aussi, figure-toi. C'est souvent un problème respiratoire, une apnée du sommeil. On se réveille parce qu'on a l'impression d'étouffer. Sinon, c'est peut-être une particularité du cerveau. Ça te pose des problèmes ?

– Non, pas vraiment. Je me rendors assez vite.

– Il faudrait quand même vérifier que tu ne souffres pas d'apnée. Les rythmes du sommeil sont très faciles à observer. À mon avis, tu ne crains pas grand-chose, car ça affecte surtout les personnes en surpoids.

Un convive avait alors interpellé toute la table, mettant fin aux apartés. Mais cette nuit-là, dans son lit, pendant une de ces périodes d'éveil qu'elle avait décidé d'attribuer à une singularité de son système nerveux plutôt qu'à des problèmes respiratoires, elle se tourna vers Jamie qui dormait auprès d'elle. Elle éprouvait toujours la même surprise devant ce don du ciel, alors qu'ils vivaient ensemble depuis deux ans déjà. Lui aussi partageait ce sentiment. Il l'avait exprimé en ces termes : « J'ai l'impression qu'on m'a fait un cadeau. Et le cadeau, c'est toi. C'est bizarre, non ? Parce que, en général, ça ne se passe pas comme ça. »

Elle le contempla. Le drap, remonté sur son torse, froissé autour de lui comme une toge romaine, remuait presque imperceptiblement. La respiration n'est pas un acte en soi, la volonté n'y joue aucun rôle. On n'a pas besoin de se rappeler qu'il faut respirer, sauf peut-être dans les cours de yoga. Quand on dort, le système sait ce qu'il a à faire. Combien d'autres processus tombent-ils dans cette catégorie ?

Elle se demanda à quoi ressemblerait un compte-rendu détaillé des activités de la journée, non à la manière d'un agenda qui peint un tableau assez sommaire – *visite en ville*, *déjeuner*... –, mais qui énumérerait précisément les centaines, voire les dizaines de milliers de petites actions accomplies en une journée. La liste en est infinie : les membres animés de mouvements imperceptibles, les tics légers, les paupières qui palpitent, les doigts qui touchent des objets, la tête qu'on penche. Rien que de très insignifiant, une sorte de bruit de fond en somme, mais qui serait religieusement répertorié. On pourrait aussi ajouter tout ce que l'on dit, les « actes de parole », comme disent les philosophes ; les interjections telles que *hum*, *euh*, les excuses marmonnées quand on bouscule quelqu'un dans la rue : autant d'expressions toutes faites qui lubrifient les rapports avec autrui. Une transcription de toutes les paroles qu'on prononce en vingt-quatre heures serait d'une lecture édifiante. Et durant toute une vie, qu'aurait-on dit d'important ? Combien d'énergie aurait-on dépensé à échanger des petits riens, combien de mois passés à proférer des banalités consternantes ?

Le paradoxe, c'est que lorsqu'il faut vraiment parler, on ne trouve pas ses mots. Au chevet d'un mourant, par exemple, quand l'urgence du moment exige des paroles profondes, on reste sans voix, étouffé par l'émotion. Isabel se souvint d'une visite qu'elle avait rendue à une vieille tante du côté paternel, qui n'en avait plus pour longtemps à vivre. Isabel avait tenu à la remercier d'avoir toujours été généreuse envers elle : elle avait réussi à exprimer sa gratitude, mais sa tante, connue pour son humour féroce, s'était contentée de répondre que la flatterie mène à tout. Elle était morte un peu plus tard dans l'après-midi. Du moins Isabel était-elle parvenue à la remercier. Il était fort probable qu'il s'agissait là des dernières paroles, assez remarquables, de sa tante. Peut-être pas aussi spirituelles, cependant, que le mot d'adieu d'Oscar Wilde sur son lit de mort, considérant avec consternation ce qui l'entourait : « Ou c'est ce papier peint qui disparaît, ou c'est moi »...

Si inconfortable à lire que soit la transcription de toutes les paroles prononcées dans une journée, le plus accablant serait encore un catalogue de toutes nos pensées. Elle essaya d'imaginer à quoi cela pourrait ressembler : un mélange de souvenirs plus ou moins brefs, de conjectures, d'observations oiseuses, de regrets. Quant au thème principal... Elle hésitait à reconnaître une telle évidence, mais il fallait bien l'avouer : le thème principal, ce serait elle. Tout simplement. La majorité des gens pensent le plus souvent à leur petite personne.

C'est sans doute humain, et il ne faut pas s'en affliger. La seule chose que l'on connaisse intimement, c'est soi-même, tout simplement. C'est le seul fondement de l'action. Il arrive que nous pensions aux autres, mais c'est surtout en fonction de notre propre personne : ce qu'ils *nous* ont dit, ce qu'ils *nous* ont fait.

Jamie remua.

– Jamie... murmura-t-elle.

C'était plus fort qu'elle ; elle avait prononcé son nom comme pour confirmer sa présence. Lorsqu'on nomme les choses, elles deviennent réelles.

Il bougea à nouveau. Même quand on dort, on arrive à entendre son nom.

– Quoi... marmonna-t-il.

– Tu es réveillé ?

– Maintenant.

Mais il n'avait pas ouvert les yeux.

– Je suis désolée, dit-elle. Je me tais.

Il tendit une main vers elle. Une lune presque pleine projetait un long rectangle de lumière à travers la fente des rideaux – qui méritaient d'être remplacés. Cela faisait des années que Grace, sa gouvernante, la harcelait à ce sujet : « Ces rideaux sont trop vieux, Isabel. Vous voyez bien que la doublure est complètement usée ! »

Elle contempla l'avant-bras de Jamie, que la lune argentait, saisit sa main et la pressa doucement. Elle aurait voulu pleurer de bonheur, mais cela risquait d'achever de le réveiller et l'inquiéter. Contrairement aux femmes, rares sont les hommes qui comprennent qu'on puisse pleurer de joie. Il y a tant de sortes de larmes...

Elle décida de s'interdire de penser. Le processus, aussi paradoxal que cela paraisse, s'avérait toujours efficace : elle s'assoupit, la main de Jamie toujours entre les siennes. Le lendemain matin, réveillée par Charlie qui gazouillait dans la pièce voisine, elle vit que la main de Jamie, miraculeusement, n'avait pas bougé. Ils étaient comme des amants que la nuit a joints et que l'innocente lumière du matin accuse.

C'était un vendredi, son jour préféré. Comme tout le monde, Isabel redoutait le lundi – qu'à sa connaissance, personne n'appréciait. Il doit bien exister des amateurs, cependant : les mordus du travail, peut-être, excités à la perspective de la semaine qui s'annonce. Il y avait autour d'elle beaucoup plus de partisans du vendredi ou du samedi. Dans son cas, la position du vendredi se trouvait renforcée dans la mesure où Jamie était en général libre ; ils avaient donc le loisir de se retrouver dans la journée pour emmener Charlie en promenade, ou bien elle pouvait se consacrer à la revue en laissant Jamie s'occuper de leur fils. Elle avait ainsi le plaisir d'exercer son libre arbitre. Le vendredi, elle ne travaillait que si elle en avait envie. Quand elle sortait avec Charlie, c'était par choix.

Jamie travaillait parfois le vendredi soir, si l'orchestre de chambre avait besoin d'un basson. Il lui arrivait aussi d'avoir une séance d'enregistrement – pour la musique d'un film par exemple –, mais c'était rare. Ses vendredis étaient libres depuis qu'il avait cessé de donner des leçons ce jour-là. Il vivait des cours qu'il donnait à l'Académie d'Édimbourg, au nord de la ville, où il était employé à mi-temps. Il recevait les autres élèves dans son appartement de Saxe-Coburg Street, tout près de l'Académie. Il avait confié à Isabel qu'ils n'étaient pas très bons en ce moment ; un ou deux seulement montraient des dispositions, s'ils avaient voulu travailler. Mais il avait beau les exhorter à faire leurs gammes et leurs exercices, noter ses conseils sur leur cahier, rien n'y faisait.

– Charlie sera un élève modèle, avait dit Isabel. Quand il commencera à jouer du…

Elle regarda Jamie, incapable d'imaginer Charlie, en barboteuse écossaise aux couleurs des Macpherson, en train de souffler dans un petit basson au clétage miniature. Jamie interpréta l'hésitation d'Isabel comme un signe que l'éducation musicale de Charlie serait sa responsabilité.

– Le violon. Il faut qu'il commence par les cordes. De toute façon, un enfant ne peut pas démarrer un instrument à vent avant l'âge de neuf ans : ses poumons n'ont pas assez de capacité. En plus, il risquerait de s'abîmer les lèvres, parce que les muscles sont encore en train de se former.

Elle sourit en se représentant Charlie, les lèvres encore trop fragiles, un violon à la main. Aujourd'hui, sa seule réaction serait de le porter à sa bouche. Il fallait attendre qu'il ait trois ans, et ce moment n'était pas si éloigné. Après le violon, vers l'âge de dix ans, il se mettrait à la cornemuse, en commençant par un *practice chanter*, avant de passer à un vrai instrument, avec des bourdons en ébène, pour produire cette plainte primitive qui donne le frisson. Elle s'attendrit en imaginant son cher petit Charlie jouant de la cornemuse, vêtu d'un kilt du clan Macpherson.

Ce vendredi-là, Jamie n'avait pas d'obligations. Isabel aurait pu profiter de sa présence pour travailler un peu dans la matinée, mais elle préféra suggérer un déjeuner en ville avec Charlie. Elle avait repoussé plusieurs fois une visite à son comptable ; il avait même appelé pour proposer de se déplacer chez elle. Elle se sentait coupable envers cet homme inoffensif à l'air résigné.

– Il me faut plus de données, Isabel, avait-il déclaré. Je ne vais pas les inventer, ce n'est pas comme ça qu'on fonctionne dans mon métier.

Entendait-il par là qu'Isabel, au contraire, passait son temps à inventer ?

Elle avait promis de lui donner ce qu'il demandait, avait commencé à glisser consciencieusement factures d'imprimerie et reçus de la poste dans un classeur… et puis avait oublié. Elle était parvenue à remettre la main sur quelques justificatifs de frais pour la revue, mais il en manquait.

– Il faut que je voie Ronnie, dit-elle à Jamie. J'ai des papiers à lui apporter, mais ça ne devrait pas durer longtemps. On pourrait aller déjeuner chez Glass et Thompson ? Charlie aime bien leur quiche.

C'était vrai, même si la majeure partie se retrouvait par terre. C'est avec surprise qu'ils avaient découvert les goûts sophistiqués de Charlie : il aimait les olives, et battait des mains à la vue des œufs de caille. Isabel, qu'embarrassait cette caricature du bébé privilégié, ne se rappelait pas lui avoir donné sa première olive ; elle n'y aurait d'ailleurs jamais pensé, pas plus qu'aux œufs de caille. Charlie allait-il à présent réclamer des huîtres ? Ce devait être Jamie, qui faisait volontiers goûter à Charlie ce qu'ils mangeaient ; Charlie ne refusait rien de ce que lui proposait son père.

Jamie accepta volontiers d'emmener son fils se promener le long du canal dans la poussette de jogging pendant qu'Isabel travaillerait dans son bureau. Après sa sieste matinale, Charlie se réveillerait frais et dispos pour leur sortie en ville.

Ils prirent le petit-déjeuner ensemble. Jamie, qui n'aimait pas se charger l'estomac avant de courir, se contenta d'un café au lait et de pain grillé avec un peu de Marmite. Charlie avait plus d'appétit : il engouffra un petit pot de yaourt à la fraise, un œuf mollet tartiné sur des mouillettes, et une olive, dénoyautée bien sûr, et coupée en quatre morceaux.

Ils étaient encore à table quand Grace arriva. Elle fit fête à Charlie, qui agitait les bras avec enthousiasme, marque insigne de plaisir.

– Tu es content de me voir, hein mon petit amour ? demanda tendrement Grace en accrochant son sac de courses à la poignée de la porte. Et qu'est-ce qu'on t'a donné à manger ? Une olive ? Non, les bébés ne mangent pas d'olives, ils n'aiment pas ça.

Isabel jeta un regard à Jamie, qui sourit et détourna les yeux. Les désaccords entre Isabel et Grace ne le regardaient pas ; il essayait de ne pas s'en mêler. Isabel savait qu'il prenait son parti, mais tous deux estimaient qu'il n'y avait rien à gagner à le dire tout haut.

– Certains adorent, dit Isabel. Celui-ci, par exemple.

Grace ne daigna pas répondre à Isabel.

– Mon dieu, tu vas bientôt réclamer des œufs de caille ! Et du caviar !

– Il y a des enfants qui aiment ce genre de nourriture, dit Isabel. Les êtres humains ont des goûts et des croyances bizarres, et les bébés sont aussi des êtres humains.

Cette allusion aux croyances n'était pas délibérée de la part d'Isabel qui voulait simplement clore la discussion. Mais pour Jamie, qui regardait Isabel avec inquiétude, c'était un peu comme une grenade sous-marine. Une semaine auparavant, les deux femmes avaient eu une discussion plutôt vive au sujet du feng shui, Grace évoquant avec enthousiasme les forces chi, Isabel déclarant que cela n'existait pas, sinon on pourrait les détecter électroniquement. Voilà qui expliquait la référence aux croyances, se dit Jamie. Dorénavant, olives et forces chi étaient inextricablement liées.

– Il y a quantité de choses qu'on ne voit pas, avait déclaré Grace qui ne voulait pas en démordre. Par exemple ce truc, cette particule qu'ils essayent de trouver, le bison de Higgs, ou je ne sais pas quoi.

– *Boson*, avait corrigé Jamie. Le boson de Higgs. C'est une sorte de…

– Boson, avait dit Isabel. Justement, j'ai croisé le professeur Higgs l'autre jour. Il marchait dans Heriot Street en regardant le trottoir.

– Ce n'est pas là qu'il va trouver son boson.

– Ce n'est pas ça qu'il cherchait, avait expliqué Jamie, car ça n'existe que dans le domaine mathématique qu'il étudie. C'est une théorie.

La discussion autour des forces invisibles s'était poursuivie encore quelques minutes, sans trouver vraiment de conclusion : des deux côtés, on campait sur ses positions et on estimait avoir gagné. L'allusion d'Isabel à des croyances bizarres risquait maintenant de rouvrir le débat, ce qui n'était pas souhaitable selon Jamie. Fort heureusement, Grace n'y prêta pas attention et parla d'autre chose. Il fallait faire une lessive : est-ce qu'Isabel voulait qu'elle s'occupe d'abord des vêtements de Charlie ? Isabel avait-elle bien téléphoné, comme promis, au réparateur pour l'aspirateur qui avait rendu l'âme la veille ?

– Je vais le faire. Aujourd'hui, sans faute. Je vais le mettre sur ma liste.

Grace, hochant la tête, s'était mise au travail.

– Elle n'est pas d'accord pour les œufs de caille, chuchota Jamie.

– Remarque, dit Isabel, il faut bien reconnaître que c'est scandaleux. On a pondu un drôle d'enfant tu ne crois pas ? Des œufs de caille !

Il sourit. Il l'aimait, il aimait Charlie. Il aimait même Grace, d'une certaine manière. C'était une matinée idéale de début d'été. Il n'avait dans le cœur que de l'amour.

CHAPITRE 2

De la fenêtre de son bureau, Isabel fit un signe d'adieu à Jamie et Charlie qui s'éloignaient dans la rue, mais Jamie regardait ailleurs. Elle était toujours très fière de les voir ensemble. Elle avait longtemps pensé que sa plus grande réussite avait été de diriger la revue, ou bien d'obtenir un doctorat ; aujourd'hui, elle s'enorgueillissait surtout d'avoir donné la vie, d'avoir créé ce faisceau de possibilités. Cette petite boule d'humanité pleine d'énergie, au caractère de plus en plus affirmé – cet amateur d'olives –, elle l'avait faite toute seule. C'était son œuvre.

Mieux, elle avait donné à Charlie le père idéal, et de cela aussi elle était fière. Jamie savait s'occuper des enfants, même si sa modestie naturelle l'empêchait de reconnaître ses talents dans ce domaine. Isabel en avait eu des échos par des parents d'élèves. Une mère lui avait confié un jour le cas de son fils.

– Nous avions investi une grosse somme, trois mille livres, vous imaginez ? Et ce petit monstre ne travaillait jamais son basson. Vous savez comment ils sont à cet âge-là. Du jour où Jamie l'a pris en main, tout a changé. Il a réussi à l'inspirer, c'est aussi simple que ça.

Isabel avait transmis le compliment. Jamie, toujours modeste, s'était contenté de reconnaître que les choses avançaient bien.

Elle avait tout de suite compris, dès la maternité, que Jamie ferait un bon père : prenant dans ses bras le nouveau-né que l'infirmière lui tendait, enveloppé dans une serviette, il avait les larmes aux yeux. Isabel, encore sous l'influence euphorisante de l'anesthésie, avait laissé son esprit dériver, comme à l'accoutumée, vers l'incongru. Elle se félicitait que Charlie n'aurait pas à subir les langes d'autrefois, ces bandes de tissu qui emprisonnaient les bébés. Il ne connaîtrait pas cette entrave à ses mouvements, à sa liberté. Le petit Charlie pourrait donner des coups de pied tout à son aise. Du moins elle l'espérait.

Son regard tomba sur les piles de papiers et de livres qui jonchaient son bureau. Les rayons du soleil n'atteignaient la pièce qu'en milieu de matinée, mais les grandes baies laissaient entrer beaucoup de lumière. La scène qui s'offrait à ses yeux aurait pu être une nature morte, le tableau d'un de ces peintres hollandais du XVIIe siècle, qui aimaient la sérénité qui baigne ce genre d'endroit : *Bureau avec livres*. Un Vermeer, un De Hooch, auraient pu peindre cette scène en y ajoutant une femme cousant ou jouant du luth, élaborant ainsi une de ces tranquilles scènes domestiques où ces peintres excellent. L'artiste, comme c'est souvent le cas, aurait ouvert la pièce sur l'extérieur, en l'occurrence le jardin d'Isabel, le carré de pelouse sous la fenêtre, entouré de massifs de rhododendrons, qui semblait une extension de la maison. On lui avait dit, ou bien elle avait lu quelque part, que le secret d'une belle nature morte, c'est l'impression que quelque chose va venir troubler cette tranquillité. Qu'allait-il se produire ? Son regard se posa sur la pile de lettres que Grace avait déposée sur son bureau la veille : il y avait là comme le début de quelque chose, une correspondance peut-être. Un personnage allait entrer dans la pièce, lire les lettres, puis ressortir, et le silence reviendrait.

Elle soupira, regrettant de n'être pas allée en promenade avec Jamie et Charlie. Celui-ci adorait les canards. Dès qu'il les apercevait, il faisait de grands gestes, hors de lui, et hurlait de joie quand ils nageaient vers les miettes que leur lançait Jamie. Le moment viendrait, plus tôt peut-être qu'elle ne pensait, hélas, où les canards cesseraient d'amuser Charlie. Cette pensée l'attrista. Comme tous les parents, elle avait peur que Charlie ne grandît trop vite. Le souvenir de ses premières semaines commençait déjà à s'estomper, à l'exception de son odeur de bébé, ce mélange de chaleur animale, de lait et de couverture, qui disparaissait si vite pour laisser la place à une autre odeur, tout aussi distinctive et indéfinissable, mais différente.

Elle alluma sa lampe de bureau. Parmi la dizaine de lettres, quatre semblaient être des manuscrits. Isabel exigeait qu'on lui soumette les articles en version papier, politique qui semblait déplaire à quelques-uns des auteurs potentiels. Un professeur d'une université du Midwest s'était étonné qu'elle n'accepte pas les fichiers informatiques, et lui avait enjoint de faire comme tout le monde. Elle lui avait expliqué qu'elle n'aimait pas lire à l'écran, et qu'il aurait dû lui en être reconnaissant.

J'accorde beaucoup plus d'attention aux articles en version papier, avait-elle ajouté. *Ça permet d'évaluer leur consistance.*

J'aurais imaginé que les auteurs le comprendraient. Deux jours plus tard, il lui avait suggéré d'imprimer les fichiers, ponctuant son propos d'un smiley.

Les choses auraient pu en rester là si Isabel, sous l'emprise d'une impulsion qu'elle ne s'expliquait pas, n'avait décidé de faire une concession, qu'elle chercha ensuite à justifier. Elle imaginait cet universitaire, au milieu des champs de maïs et des vastes horizons de l'Iowa, devant des étudiants au visage juvénile, attendant impatiemment des nouvelles d'un pays lointain.

Pardonnez-moi de revenir sur le sujet, avait-elle écrit. *Tout imprimer reviendrait très cher et prendrait beaucoup trop de temps, vous le comprendrez. Toutefois, cela semble si important pour vous que je veux bien faire exception à la règle. Je serai donc heureuse d'accepter votre article sous forme de fichier électronique.*

Pendant une semaine, pas de réponse. Elle avait préféré recontacter le professeur et s'assurer que le papier avait bien été envoyé. Cette fois-là, elle eut un message : *Désolé, l'article n'est pas prêt. Peut-être l'année prochaine.* Cet échange avait donc été purement hypothétique, ce qui la fit sourire. Elle prit la plume pour accuser réception. *J'espère vivement recevoir un manuscrit, mais je ne veux pas vous harceler. L'été est peut-être le meilleur moment pour écrire, une fois que les étudiants seront rentrés dans leurs foyers. En espérant recevoir ce document, je reste à votre disposition, Isabel Dalhousie.* Elle avait plié la lettre, l'avait mise sous enveloppe, avait inscrit l'adresse. Pourquoi se donner tout ce mal dans cet échange stérile avec un homme qu'elle ne connaissait pas, qu'elle ne rencontrerait sans doute jamais ? Pendant un moment, pourtant, il y avait eu un lien entre eux. Sa « sainte femme de mère américaine » lui avait conseillé de toujours traiter les gens comme s'ils vivaient leur dernier jour sur terre. « Eux ne le savent pas, mais toi tu le sais. » Le conseil était bon, le mot un peu facile et néanmoins vrai.

Et soudain, elle se souvint. Elle était allée dans l'Iowa, et elle l'avait presque oublié. Des années auparavant, alors chercheuse à Washington, elle avait été invitée à une conférence universitaire. Avec d'autres collègues, elle avait visité la ville sous la houlette d'un jeune universitaire. Ses souvenirs se précisaient peu à peu. Il leur avait montré une grande maison au bord d'un fleuve, où avait vécu l'héritière d'une famille de philanthropes locaux.

– C'est ici qu'habitait Miss Ellie. Elle croyait de tout son cœur aux fées. De tout son cœur… avait-il déclaré d'un air mélancolique.

Le propos l'avait frappée. Habiter au bord d'un fleuve et croire aux fées de tout son cœur : que demander de plus ?

Le nom de cet homme n'était pas resté dans sa mémoire, mais elle avait l'intuition qu'il s'agissait de la même personne : ils n'étaient donc pas tout à fait étrangers l'un pour l'autre et se retrouvaient par le plus grand des hasards. Le fait qu'elle ait justement décidé de faire une exception pour lui et d'imprimer son article rendait la coïncidence plus piquante encore. Elle avait craint qu'il ne soit quelque peu isolé dans sa forteresse du Midwest. Elle comprenait maintenant qu'il y avait une autre cause : à son insu, son inconscient s'était souvenu de leur rencontre et l'avait reconnu.

Elle s'installa à son bureau pour s'occuper du courrier. En général, elle se faisait plaisir en commençant par les lettres qui l'intéressaient le plus, laissant les factures et le tout-venant pour la fin. Ce jour-là, elle résolut d'être raisonnable et les traiter dans l'ordre. Sa récompense serait d'aller déjeuner avec Jamie et Charlie. La facture d'électricité se trouvant au-dessus de la pile, elle méritait de passer en premier.

La lettre suivante émanait de l'imprimeur de la revue et traitait d'une question technique. Il avait acheté un lot de papier islandais de qualité supérieure, dont il joignait un spécimen : il offrait de lui en mettre de côté. Cette proposition lui rappelait son boucher si serviable qui, de temps à autre, sortait de dessous son comptoir un morceau délicieux qu'il avait gardé spécialement pour elle – ce sont ces petits gestes commerciaux qui huilent les rapports entre client et fournisseur. Elle regarda le papier par transparence, le froissa entre ses mains, songeant à son pays d'origine, une de ces vastes forêts où... *où les ports ont des noms pour la mer*. Ce vers d'Auden lui revint automatiquement en mémoire, preuve qu'une coquille peut conférer à un vers une certaine beauté. Auden avait parlé des *poètes* qui ont des noms pour la mer, en Islande et non en Finlande, mais, à l'impression, « poètes » était devenu « ports ». C'était un malentendu créatif, comme elle se plaisait à l'appeler, qui enrichissait le propos, comme c'est souvent le cas avec nos erreurs.

Isabel avait mis de côté la facture d'électricité, mais sa conscience lui souffla que ce n'était pas la même chose que de la payer. Elle sortit donc son chéquier du tiroir supérieur du bureau et fit un chèque pour la somme due, remarquant qu'elle correspondait à l'estimation de la consommation d'un foyer comme le sien. Comment la compagnie d'électricité pouvait-elle être sûre qu'elle n'était pas tout à coup devenue extrêmement économe en matière d'électricité ? Ou bien le contraire : elle aurait très bien pu entreprendre de faire pousser du cannabis, avec l'énorme dépense d'énergie que cela suppose. Cela arrivait quelquefois, mais pas à Édimbourg, pas dans cette rue bordée d'arbres, qui offrait pourtant une couverture parfaite pour la culture du cannabis, ou pour toute autre activité illicite, d'ailleurs. Si un tel forfait était découvert à la résidence de la directrice de la *Revue d'éthique appliquée*, les journaux en feraient des gorges chaudes. Il faut bien que les malfaiteurs vivent quelque part, et le quartier le plus innocent peut cacher des surprises. *Ils étaient si tranquilles, si courtois, jamais on n'aurait pu penser que lui était un ancien dictateur.*

Elle glissa le chèque dans une enveloppe et mit la lettre de côté. Encore une fois poussée par sa conscience, elle colla un timbre. La lettre suivante avait l'air banale. Quelque chose l'intrigua toutefois dans la formulation de son nom, inscrit sur une étiquette : *Miss Isabel Dalhousie, Directrice de la Revue d'éthique appliquée*. D'abord, pourquoi ce « Miss », qui n'était plus de mise dans un contexte professionnel ? Ses correspondants usaient généralement du « Ms », ou encore du « Docteur ». Elle ne s'était jamais habituée à ce titre : pour elle, il existait déjà un docteur Dalhousie, le frère de son père. C'était lui le vrai docteur Dalhousie, avec la carrure d'un médecin de campagne dans la région de l'East Lothian, jovial et bienveillant envers ses malades qui l'aimaient beaucoup. Impossible d'en imaginer un autre. Et pourtant, voilà qu'on l'appelait Miss ; comme si on avait voulu la remettre à sa place. Le mot « directrice », écrit en gros caractères au trait épais, suggérait également le sarcasme, voire le mépris. Était-ce là le produit de son imagination ? Isabel imagina comment un vrai paranoïaque analyserait le courrier, cherchant sur chaque missive l'indice d'une insulte potentielle, d'un message à double sens. C'était ridicule, absurde... Mais en ouvrant la lettre, elle eut un choc à la lecture de l'entête : *Professeur Christopher Dove, Président, Pensée occidentale.* Comment quelqu'un – fût-ce un homme tel que Dove – pouvait-il prétendre conduire la « pensée occidentale » ? L'adresse et le numéro de téléphone étaient fournis, comme si un mouvement intellectuel de cette importance se devait d'être accessible à tout moment à ceux qui désirent le réconfort de la tradition philosophique occidentale.

Elle lut la lettre, la relut, se leva. Dove avait tenté de la détrôner à la tête de la revue, et malgré la fin ignominieuse et méritée de son bref règne, elle n'était pas surprise qu'il ne se tînt pas pour battu. À présent, il jetait le masque et ouvrait les hostilités, sans ambiguïté, avec la satisfaction mal dissimulée de celui qui attend sa revanche depuis longtemps et trouve enfin le moment opportun.

Elle reposa la lettre sur le bureau. Autrefois, tout cela l'aurait déprimée, elle aurait été incapable de penser à autre chose qu'au contenu de cette lettre. Ce n'était plus vrai aujourd'hui. Étrangement, c'était Charlie qui l'avait libérée : grâce à lui, elle avait appris à penser à plusieurs choses en même temps, comme tant de jeunes mamans. Elle préparait mentalement le souper de son fils, s'inquiétait de ses chaussures trop petites, qu'il faudrait remplacer. Cela valait mieux que de penser à Dove, qui portait, elle se le rappela tout à coup, des chaussures vertes. Le souvenir était incongru, mais l'image restait imprimée dans sa mémoire : Dove venant pour la première fois chez elle à Édimbourg. Elle se demanda si elle devait ajouter cette nouvelle précaution à la liste des principes irrationnels qui gouvernent nos vies, bien qu'on les sache sans fondement : on ne peut pas faire confiance aux hommes qui portent des chaussures vertes. C'était ridicule ; des hommes tout à fait sensés et vertueux portent des chaussures vertes. Elle chercha en vain d'autres exemples. Charlie ! pensa-t-elle soudain. Grace lui avait acheté une paire de chaussures vertes. Elle se promit que la prochaine paire serait rouge.

– Non, ça ne va pas du tout, dit le comptable.

Il jeta un regard de reproche à Isabel par-dessus ses lunettes demi-lune, avant de lancer un coup d'œil à Jamie qui, penché sur Charlie, lui chatouillait la paume de main. Dans la bouche du comptable, qui avait une voix douce, ces mots étaient très forts.

– Je sais, je sais, dit Isabel. C'est juste que toute cette paperasserie…

– Aujourd'hui, coupa Ronnie, la paperasserie, ça n'existe plus. Il suffit d'utiliser un simple tableur. Ce n'est pas difficile à installer. Jamie pourrait peut-être…

– Il ne s'y connaît pas beaucoup en informatique, dit Isabel.

– Tout le monde sait faire ça de nos jours, dit Ronnie, sceptique.

– Je suis tout à fait capable de me débrouiller, dit Isabel fermement. Il y a des manuels, non ?

– Oui, oui, soupira Ronnie. Si vous entrez tout au fur et à mesure dans le tableur, recettes et dépenses, le programme fait les calculs pour vous. C'est simple comme bonjour et les totaux sont actualisés automatiquement.

Il ôta ses lunettes pour les essuyer avec son mouchoir.

– Automatiquement ? répéta Isabel en réprimant un sourire.

Il y avait tant de regret et de désir dans la voix du comptable, on aurait dit un Bédouin parlant d'une oasis ou un marin naufragé évoquant un port où trouver refuge. Elle résolut de faire ce que Ronnie suggérait, à tout le moins d'essayer.

– Eh bien, d'accord. Je vais adopter le tableur.

– À partir de maintenant ? demanda Ronnie.

– À partir de maintenant.

Après avoir quitté le bureau du comptable, ils descendirent Dundas Street.

– Tu as fait une promesse, dit Jamie alors qu'ils longeaient Queen Street Gardens. Charlie ! Regarde ! Des arbres !

Charlie tourna la tête en gazouillant ; il ne voyait que du vert, du mouvement, et du bleu au-dessus, le plafond bleu de son petit territoire, sa petite parcelle d'Écosse.

– J'en suis consciente, dit Isabel. C'est comme de promettre à son dentiste d'utiliser du fil dentaire.

– Tu ne devrais pas te moquer, dit Jamie sur un ton désapprobateur. Ronnie veut t'aider, c'est tout. Il faut qu'il prépare tes comptes pour le fisc. C'est sa responsabilité.

Isabel hocha la tête. Elle avait pris la recommandation de Ronnie au sérieux, s'était engagée très sincèrement. Elle utiliserait un tableur et essaierait de s'y tenir. Elle était un peu agacée d'être taxée de légèreté, quand Jamie lui-même était assez négligent avec ses propres comptes, si d'ailleurs il les tenait.

– Tu utilises un tableur, je suppose ?

Sur le point de répondre, il hésita. Elle insista.

– Non ?

– C'est différent, répondit Jamie. Moi, je n'ai pas... je n'ai pas beaucoup d'argent.

Elle regardait droit devant elle, l'air résolu. Mais, regrettant sa remarque, elle se tourna pour s'excuser.

– Quelle conversation ridicule, dit Jamie en lui souriant.

– N'est-ce pas ? s'exclama Isabel avec soulagement. Il ne faut jamais laisser un tableur s'immiscer entre deux...

– Deux amis, suggéra Jamie très vite.

– Absolument.

Il était plus qu'un ami pour elle, mais Isabel n'avait jamais utilisé le mot “amant” devant Jamie, pas plus que lui d'ailleurs. Partenaire officiel ? Mais cela semblait indiquer l'existence d'autres partenaires. Isabel sourit en songeant à l'argot des jeunes pour ces gens qu'on ne connaît pas vraiment : les *occasionnels*. Eddie, le jeune assistant de Cat au magasin l'avait employé pour décrire une réception à laquelle il avait assisté.

– Je ne connaissais personne, la salle était pleine d'occasionnels.

– Aléatoires ?

– C'est ça, avait répondu Eddie. Je n'avais personne à qui parler alors je suis parti.

– Vous ne pouviez pas parler aux occasionnels ?

La suggestion avait amusé Eddie : apparemment, cela ne se faisait pas.

Ils traversèrent Heriot Street. Jamie lui indiqua une des élégantes maisons géorgiennes qui bordaient le côté nord de la rue.

– C'était la maison de Robert Louis Stevenson, dit Jamie. J'y ai été invité une fois, avec...

Isabel comprit pourquoi il s'était interrompu.

– Avec Cat, dit-elle.

– Oui, avec Cat.

– Ça lui avait plu ?

– Non, dit Jamie. On s'était disputés.

Ce n'était certainement pas de la faute de Jamie, songea Isabel. Elle se contenta de faire une remarque sur les jardins de Queen Street, que Stevenson voyait sans doute de sa fenêtre : on n'y rencontrait jamais personne, à part peut-être des fantômes.

Laissant la poussette à l'extérieur, ils entrèrent dans le café Glass et Thompson, où ils adoraient tous les deux déjeuner. Charlie, bien réveillé, et très intéressé par ce nouvel environnement, cria de plaisir devant les rayonnages d'huile d'olive et de pâtes qui ornaient tout un mur du café. Sensible à la couleur, au mouvement et aussi à la nouveauté, il agitait les bras pour exprimer sa satisfaction et son désir de toucher à toutes ces choses.

C'était juste avant l'heure du déjeuner et il y avait plusieurs tables libres au fond. Isabel installa Charlie sur ses genoux et Jamie alla commander, salade mozzarella pour Isabel et lui, et une quiche pour Charlie. Il remarqua un bol d'olives et en commanda quelques-unes pour Charlie ; de grosses olives qu'il lui faudrait dénoyauter mais qui ajouteraient encore au plaisir de l'enfant.

Ils furent servis rapidement. Charlie aperçut les olives de loin, ou les sentit peut-être, et manifesta bruyamment son impatience.

– Dès qu'il s'agit d'olives, on dirait qu'il a un sixième sens, déclara Isabel. Une connaissance intuitive des olives.

– Il aime leur goût, dit Jamie en riant.

Il découpa des morceaux d'olive avec son couteau. Une goutte d'huile tomba de ses doigts. Charlie le fixait religieusement des yeux.

– Olive, dit-il soudain.

Jamie lâcha le couteau qui tomba bruyamment sur l'assiette. Isabel, bouche bée, posa la main sur le bras de Jamie.

– J'ai bien entendu ?

– Tu veux une olive, Charlie ? demanda Jamie avec un grand sourire.

Charlie jeta un coup d'œil à son père et se remit à la contemplation des fragments d'olive dans son assiette.

– Olive, répéta-t-il.

Il n'y avait pas de place pour le doute.

– Enfin ! dit Isabel en posant un baiser sur le front de Charlie. Tu parles, mon petit amour ! Tu parles !

On avait eu beau leur assurer qu'il était tout à fait normal de ne pas parler à dix-huit mois – même si c'était rare –, ils étaient inquiets de ne pas voir arriver ce moment. Les gazouillis de Charlie semblaient pleins de sens, mais ses parents étaient impatients d'entendre les mots « maman » ou « papa ». « Olive » était un mot surprenant, mais bienvenu.

– Je n'aurais jamais deviné que ce serait le mot « olive », déclara Jamie, rayonnant. Tu es un petit garçon très intelligent.

Ils essayèrent de le faire parler davantage, mais en vain. Charlie, absorbé par l'olive que lui avait donnée Jamie, ne voulut rien entendre.

– Il n'a pas besoin de répéter « olive », dit Isabel, puisqu'il a eu ce qu'il voulait.

Ils commencèrent leur propre déjeuner. Charlie explora sa quiche qu'il réduisit vite en fragments détrempés.

– Je ne veux pas jouer les trouble-fête, dit Isabel, mais j'ai reçu une mauvaise nouvelle au courrier de ce matin.

– Une facture ?

– En fait, il y avait deux mauvaises nouvelles. La consommation d'électricité a été très surestimée, mais je réglerai ça. Non, c'est la revue.

Jamie fronça les sourcils. Il aimait lire la revue, ou du moins les articles qu'il comprenait, et il était très fier qu'Isabel en soit propriétaire, mais il trouvait que c'était un lourd fardeau. Il savait, par certaines paroles qui échappaient à Isabel pendant son sommeil, qu'elle était constamment soucieuse. Corrections, épreuves, date, bon à tirer… Ces mots révélaient en partie la teneur de son inconscient. La revue était un peu comme une tierce personne dans la maison, un animal domestique tyrannique qu'on doit nourrir et sortir, et qui est la cause de conflits permanents. Sa vie à lui apparaissait au contraire très simple : il donnait des cours, il jouait les partitions que le chef d'orchestre choisissait. Une fois le basson rangé dans son étui, il n'y pensait plus.

– Tu te fais trop de soucis, dit-il. Il y a toujours quelque chose qui ne va pas.

Elle présenta un petit morceau de quiche à Charlie qui l'étudia en louchant un peu, cherchant sans doute des olives.

– Peut-être. On dirait que ce n'est jamais fini. Dès qu'un numéro est sous presse, il faut penser au suivant. C'est comme Sisyphe et son rocher : il le pousse jusqu'au sommet de la montagne et doit toujours recommencer.

– Je comprends, dit Jamie en haussant les épaules.

Il lui semblait que le travail avait des aspects répétitifs pour tout le monde. C'était la même chose pour Russell Glass, le propriétaire du café, justement en train de servir des clients au comptoir. Il préparait une salade mozzarella, un client la mangeait, et il devait en faire une autre. Et pour le magistrat aussi qui, à peine une affaire close, doit ouvrir un autre dossier.

– On est tous comme Sisyphe, tu ne crois pas ? dit-il. La solution, c'est de faire en sorte que le travail n'occupe pas trop de place. Sisyphe n'avait pas à se soucier de ça, il n'avait qu'à pousser.

– Tu veux dire qu'il était heureux ? demanda Isabel en riant.

– Pourquoi pas ? Il y a quantité de gens qui ont des boulots répétitifs, mais qui sont très heureux.

Il avait parlé sans réfléchir ; il lui faudrait justifier sa position.

– Ils sont heureux dans d'autres domaines. Je suis sûr que c'est possible d'avoir des dérivatifs, même avec un boulot très pénible.

Isabel pensa qu'il avait probablement raison, mais elle voulait lui parler de Dove.

– Christopher Dove, dit-elle posément.

– Ah.

– Il m'a écrit. Il y a un coup de théâtre.

– Qu'est-ce que… commença Jamie, inquiet.

Il s'interrompit, car Isabel venait de tourner la tête vers la porte du café et il suivit son regard.

– C'est elle, dit-elle. Tu la vois ?

– Là-bas ?

Isabel ne répondit rien.

– Olive, déclara Charlie subitement, d'une voix très distincte. Olive.

Chapitre 3

– Minty Auchterlonie, dit Isabel à mi-voix.

Isabel avait parlé avec autant d'intensité que si Sisyphe en personne était apparu. Jamie, un moment distrait par les mots de Charlie, se retourna vers la porte et vit en contre-jour à travers la vitre la silhouette d'une femme. Elle portait un enfant dans les bras et cherchait une table.

– Là-bas ?

– Oui, je suis sûre que c'est elle, murmura Isabel.

La femme, n'ayant pas trouvé de table libre près de la fenêtre, s'avançait de leur côté. Jamie l'observa, mais Isabel détourna la tête. Elle avait vu que l'enfant était un petit garçon, peut-être un peu plus vieux que Charlie, vêtu d'un pantalon en velours côtelé et d'un simple tee-shirt orné d'un ours polaire. La femme dit quelques mots à l'enfant, qui observait l'endroit avec beaucoup d'intérêt.

Au moment où Isabel levait les yeux, Minty baissa les siens. L'espace d'un instant, l'une et l'autre se figèrent, puis Minty sourit.

– Isabel Dalhousie ?

Celle-ci fut tentée de faire comme si elle n'avait pas reconnu Minty, comme cela arrive parfois quand on veut éviter d'engager un dialogue avec une vague connaissance, parce qu'on n'a pas le courage d'échanger des banalités, qu'on est pressé, ou qu'on a oublié le nom de la personne en question. Ce n'était pas le cas.

– Minty !

Minty glissa vers Jamie un regard calculateur, puis remarqua Charlie.

– Et voici Roderick, dit-elle. Et vous, c'est…

– Charlie, répondit Isabel, et Jamie.

La juxtaposition n'était pas très heureuse. Elle aurait dû dire : « Je vous présente Jamie. » Ils étaient pourtant tous les deux à elle, certes pas de la même façon.

Minty sourit à Jamie et se tourna vers Isabel. Tout à coup, toutes les tables libres semblaient occupées.

– Ça vous ennuierait… ?

Décemment, Isabel ne pouvait pas refuser, mais c'était à contrecœur : elle aurait préféré parler à Jamie de la lettre de Dove, et discuter olives avec Charlie. Impossible si Minty et Roderick étaient à leur table.

– Mais avec plaisir, installez-vous, je vous en prie, dit Isabel en songeant qu'on est si souvent conduit à dire le contraire de ce que l'on pense.

Minty ajusta un siège d'enfant pliant qu'elle avait apporté et y installa Roderick.

– Ça ne vous gêne pas de jeter un coup d'œil sur lui pendant que je passe commande ?

– Tu te souviens d'elle ? chuchota Isabel tandis que Minty se dirigeait vers le comptoir.

Jamie tourna la tête. Le jeune serveur s'occupait de Minty, très élégante.

– Celle qui t'avait dit que ce type était coupable ? Il y a longtemps ?

– C'est ça. Je croyais qu'elle était mêlée à un délit d'initiés, mais en fait...

– Mais c'était l'autre ? Le type ?

– Oui.

– Donc elle t'a aidée ?

– Je crois. Mais j'ai toujours eu des doutes.

Minty, son choix fait, revint s'asseoir.

– Roderick aime les sucreries. J'essaie de le restreindre, mais quand il sort avec moi au restaurant, il pense qu'il a droit à un dessert. Et donc je cède, hélas.

– Charlie, c'est le contraire, dit Jamie. Il préfère le salé, les olives par exemple.

– C'est drôle comme ils ont un caractère affirmé, même très jeunes, dit Minty.

Charlie ne semblait pas s'être aperçu de la présence d'un autre enfant et Roderick le dévisageait d'un air soupçonneux.

– Regardez, dit Minty. Ils sont en train de lier connaissance.

Roderick se pencha vers Charlie, saisit sa petite botte verte et essaya de l'arracher. Charlie, vaguement conscient qu'on lui tirait une de ses extrémités, chercha Isabel des yeux pour se rassurer.

– Il veut jouer, dit Minty.

Isabel eut du mal à cacher sa stupéfaction. Ce n'était pas un jeu, mais un bébé dominant essayant de prendre de force la chaussure de son fils. Elle avait eu l'occasion de remarquer ce type de comportement au sein du groupe de jeu où elle menait Charlie trois fois par semaine. La séance de deux heures, dans une salle paroissiale voisine, se caractérisait par un volume sonore saisissant. Charlie était de bonne composition et supportait sans broncher d'être bousculé par ses congénères, qualité qu'il avait sans doute héritée de Jamie.

– Qu'ils sont mignons ! s'exclama Minty.

C'était vrai pour Charlie, protesta Isabel mentalement, mais ce Roderick était bien le fils de sa mère, qui appartenait à l'espèce des jeunes loups de la finance impitoyables en affaires. Roderick suivrait le même chemin. Elle se reprocha son manque de charité. Après tout, Roderick n'avait pas choisi sa mère, et puis tous les jeunes enfants sont des psychopathes potentiels. Les traits plus admirables de leur caractère n'apparaissent que plus tard, si toutefois ils en ont.

– Je me demande ce qu'ils pensent l'un de l'autre, dit Jamie, songeur. Ils ont sans doute l'impression d'être semblables ?

Roderick, abandonnant la chaussure de Charlie, lui saisit la cheville et essaya de la tordre. Charlie l'observait, impassible. Mais quand il sentit les petits ongles de Roderick s'enfoncer dans sa peau, il rougit, sur le point de pleurer.

– Il est parfois un peu brutal, dit Minty en tirant son fils en arrière. Il ne veut pas faire de mal, mais il ne se rend pas compte de sa force.

– Ah, les garçons... dit Isabel, désireuse de ne pas dramatiser cette agression sur son fils.

– Les filles aussi, rétorqua Jamie. Quand j'étais petit, il y avait une petite fille qui n'arrêtait pas de me tirer les cheveux.

Minty considérait Jamie. Elle le déshabille mentalement, se dit Isabel. Que se passerait-il si Jamie lui rendait la pareille ? Certains hommes ne s'en seraient pas privés, mais Jamie n'avait rien d'un dragueur et détourna la tête. Il avait l'habitude d'être admiré, mais peut-être cela le gênait-il un peu ? À la longue, on peut s'irriter d'attirer les regards. Autrefois, les femmes ne pouvaient se permettre de manifester ce genre d'intérêt, mais aujourd'hui, le corps masculin est exhibé dans les magazines, sur les affiches, et c'est au tour des hommes d'être traités en objets.

Elle savait exactement ce que Minty était en train de se dire. Ayant évalué la différence d'âge, elle se demandait comment Isabel avait pu faire la conquête d'un homme aussi jeune. Cette pensée l'amusa. Minty se serait volontiers montrée condescendante avec Isabel, mais sur ce sujet, c'était impossible. Elle m'envie, songea Isabel.

– Ça fait longtemps, déclara Minty à Isabel.

– Oui, et nous voilà avec Roderick et Charlie. Comment va Paul ?

Minty se raidit.

– Paul et moi sommes séparés. Il m'arrive de le voir pour le travail, bien sûr. Il va bien.

– Je suis désolée, je ne savais pas.

– Vous ne pouviez pas savoir, répondit Minty. Mon mari s'appelle Gordon McCaig. Il est négociant en whisky.

– Ah, dit Isabel.

Dans le monde de Minty, elle s'en souvenait maintenant, on veut toujours savoir la profession des gens. Cela n'avait pas d'importance pour elle, et pour Jamie encore moins, car il s'intéressait principalement au genre de musique que les gens aiment. « Tu te rappelles ce type ? disait-il parfois. Le fan de Wagner, je l'ai vu aujourd'hui. » Ou encore : « Mon élève, celui qui aime Chopin, il a oublié ses chaussures de rugby chez moi. Couvertes de boue. »

– Il fait son propre mélange, poursuivit Minty, et il le met en bouteilles. Le Lochaline.

Isabel ne connaissait pas grand-chose dans ce domaine, à part ce qu'elle avait appris en assistant à quelques conférences données par son ami Charlie Maclean. Le nom, « Lochaline », ne lui disait rien. Il lui paraissait obscur et l'article défini, un peu prématuré. Certains whiskys s'étaient adjoint l'article comme preuve de leur célébrité – le Macallan par exemple –, mais dans ce cas, c'était amplement justifié par l'histoire et la réputation. Il arrive que des chefs de clan écossais en fassent autant. Un membre du clan MacGregor se fait appeler tout simplement « le » MacGregor, ce qui a le mérite de la simplicité et de la clarté, même en sous-entendant que les autres MacGregor sont, eux, *indéfinis*.

Elle s'était donc débarrassée de Paul Hogg. Non, rien ne lui permettait de l'avancer : c'était peut-être lui qui s'était débarrassé d'elle, ou bien il s'agissait d'un sacrifice mutuel.

– Et vous ? demanda Isabel. Vous travaillez ?

– Je travaille même très dur, répondit Minty. C'est rare que je prenne un jour de congé comme aujourd'hui.

Encore une fois, elle avait tourné la tête vers Jamie, et il sembla à Isabel que sa réponse lui était destinée.

– Je dirige une banque. Une banque d'investissement.

Jamie eut l'air impressionné, ou du moins il fit semblant. Manifestement, cela ne lui parlait pas, et Isabel en était heureuse. Sans être foncièrement mauvais, les dirigeants de banques d'investissement sont malgré tout des usuriers. Elle n'était pas sûre qu'elle accepterait de partager sa vie avec l'un d'eux ; sauf, bien sûr, s'il s'agissait d'un usurier repenti.

Elle s'en voulut immédiatement de ce jugement immature, injuste, et peu charitable. Elle avait des banquiers dans son entourage qu'elle appréciait beaucoup. Tout un monde sépare l'usurier du banquier : le premier impose un taux d'intérêt exorbitant, et le second un taux… disons, modéré. On a besoin de banquiers, et ils ont droit à la même considération que n'importe qui. La plupart font preuve d'intégrité et de prudence, même si certains se montrent un peu gourmands, ce qui est le cas dans toutes les professions – et les philosophes eux-mêmes ne sont pas toujours bien placés pour donner des leçons. Rousseau, par exemple, qui s'est conduit avec tant de grossièreté et d'ingratitude envers David Hume, malgré tout ce qu'il lui devait. Schopenhauer, lui, avait refusé pendant des années de parler à sa mère. Et moi, songea Isabel, qui jette l'anathème sur toute une catégorie socioprofessionnelle.

– Bravo ! dit-elle.

– Merci, répondit Minty qui sembla ravie du compliment. Vous savez, c'est dur pour une femme. On dit qu'il n'y a plus d'inégalités, mais c'est faux. Les hommes font toujours leurs petites tractations entre eux, ils se serrent les coudes.

– Les femmes aussi, non ? demanda Jamie sur un ton innocent. Je sais qu'à Édimbourg, il existe une association réservée aux femmes. J'ai joué avec un quintette dans un dîner officiel. Il n'y avait que des femmes. J'étais le seul homme.

– C'est vrai, dit Minty en riant. Il y en a même plusieurs.

– Les femmes se serrent les coudes, elles aussi ?

– C'est une nécessité, pour réparer les injustices du passé, répliqua Minty qui ne voulait pas lâcher prise si facilement.

– Je vois, dit Jamie.

Apparemment, Minty tenait la discussion pour close – en sa faveur. Jamie avait beau être jeune et charmant, c'était un homme. Se tournant vers Isabel, elle s'enquit de la revue. Isabel expliqua qu'elle en était toujours directrice, et depuis peu propriétaire. À son tour, Minty eut la courtoisie de manifester son admiration.

– Ça, c'est quelque chose.

Après qu'un serveur eut apporté la commande de Minty, ils continuèrent la discussion, assez animée. À la fin, quand Minty suggéra qu'ils échangent leurs numéros de téléphone, Isabel commençait à changer d'opinion sur elle.

– Nous organisons un goûter d'anniversaire pour ses deux ans dimanche, dit Minty. Pourquoi ne pas amener Charlie ? Ils ont l'air de bien s'entendre.

Tout en pensant que c'était totalement faux, Isabel ne contredit pas Minty. Elle accepta l'invitation. Minty avait des courses à faire et prit congé.

– Alors, qu'est-ce que Dove raconte ? demanda enfin Jamie, l'air soulagé qu'ils soient à nouveau seuls.

Isabel, distraite, pensait à l'invitation : ce serait une première pour Charlie. Y aurait-il des olives ?

– Pardon ?

– Dove. Qu'est-ce qu'il t'écrit ? Tu as dit que c'était un coup de théâtre.

– Il m'accuse de plagiat, répondit Isabel. Ou en tout cas, de complicité de plagiat.

– On va lui régler son compte, s'exclama-t-il, stupéfait.

Puis il se mit à rire.

– Pas physiquement bien sûr, quoique… Non, non, je plaisante, ça m'a échappé.

Isabel le rassura. Elle n'avait pas pris sa menace au sérieux.

– On dit tous des choses comme ça, ou on les pense.

– Le fantasme de vengeance, dit Jamie, songeur. Il y a quelque temps, j'ai travaillé avec un chef d'orchestre que j'aurais bien aimé… Mais non, j'en serais incapable.

– J'espère bien, répliqua Isabel, l'air faussement sévère.

– Et pourtant, ça m'aurait fait beaucoup de bien, conclut Jamie.

Sur les genoux d'Isabel, Charlie, épuisé par le déjeuner et la nécessité de se défendre de son nouvel ami Roderick McCaig, luttait vainement contre le sommeil. Jamie le prit doucement dans ses bras et l'installa dans la poussette pour qu'il s'endorme.

– Je l'emmène faire une sieste-promenade ? proposa-t-il. Tu peux aller à la galerie, si tu veux. Une demi-heure ?

Isabel accepta. La Scottish Gallery, que dirigeait son ami Guy Peploe, se situait à deux pas du café Glass et Thompson, et elle voulait discuter avec Guy d'une vente aux enchères qui se tiendrait à Londres prochainement. Avec discrétion et aussi un certain malaise, Isabel faisait de temps en temps une incursion dans le marché de l'art. Pressentant que Jamie n'approuvait pas l'achat de tableaux de maître, elle lui dissimulait leur prix, qu'elle-même jugeait tout à fait justifié : n'était-ce pas plus égoïste de laisser l'argent dormir sur un compte en banque plutôt que de le recycler ? Ceux qui lui vendaient leurs tableaux dépensaient ce qu'elle leur avait versé, et c'était précisément pour cette raison qu'ils mettaient leurs œuvres en vente. Il vaut mieux que l'argent circule, c'est d'ailleurs sa raison d'être.

Elle avait essayé, avec tact, d'expliquer sa théorie à Jamie, qui l'avait écoutée attentivement.

– Sans doute, je ne suis pas très fort en économie. Si tu le laissais à la banque, il circulerait aussi, non ? Sous forme de prêts à d'autres personnes.

– Oui, mais ici ça va plus loin, avait argumenté Isabel. Sur cet argent que je donne, personne ne me paie d'intérêts.

Jamie n'était pas convaincu.

– Ce n'est pas vraiment donner, puisque tu reçois quelque chose en échange.

– De toute façon, ces tableaux, il faut bien qu'ils soient exposés quelque part, sinon, ça n'a pas d'intérêt.

Après cela, la conversation avait tourné court, ni l'un ni l'autre n'ayant de réponse définitive. Tout ce que Jamie savait, c'est qu'il n'était pas très fortuné et n'avait pas vraiment envie de chercher à gagner davantage d'argent. Isabel avait une fortune personnelle, mais elle trouvait le sujet opaque et à vrai dire ennuyeux : transformer l'argent en œuvres d'art le rendait plus intéressant.

Quand Isabel entra dans la galerie, on envoya chercher Guy dans les bureaux.

– Je ne sais pas si… commença Isabel.

– Mais si, répliqua Guy. J'ai un catalogue de Lyon & Turnbull, et un autre de Londres.

Ils descendirent vers le petit jardin derrière la galerie, où ils s'installèrent sur deux chaises en fer forgé pour feuilleter le catalogue de Londres. La vente de la journée proposait, comme c'était l'habitude, des œuvres abordables ; la vente du soir attirait les enchérisseurs plus fortunés, les collectionneurs prêts à payer des centaines de milliers, voire des millions de livres pour des toiles que les artistes étaient prêts à échanger contre un morceau de pain. Isabel n'appartenait pas à la seconde catégorie d'acheteurs, et son intérêt s'arrêtait à la vente de la journée, et aux tableaux les moins chers.

– Encore du beau monde en train de s'amuser, remarqua Isabel en désignant une peinture française qui représentait quelques personnages bien mis en train de pique-niquer sous un arbre.

– *Entourage de François Boucher*, lut Guy à haute voix. *Assemblée élégante folâtrant sous un arbre, musiciens au second plan*.

– J'aime « assemblée élégante », dit Isabel. Comment les membres sont-ils choisis ? Et là, au contraire : *Brigands buvant dans une taverne*. Franchement, ceux-là semblent s'amuser davantage.

Guy éclata de rire. Tournant une page, il découvrit un autre sujet allégorique.

– Un grand tableau, un mètre quatre-vingts, sur un mètre trente, et le cadre n'est pas mal, mais le sujet…

– *La Parabole des vierges folles et des vierges sages*, lut Isabel. Oh, Guy, regardez les vierges sages !

Le tableau, œuvre d'un obscur artiste flamand de la fin du XVIIe siècle, représentait deux groupes de jeunes filles dans un paysage. Les six vierges sages, assises sur la gauche, s'occupaient modestement à lire et à coudre, alors que derrière elles, de jeunes sylphides dansaient sur le gazon, devant une église. Dans le ciel, au-dessus de l'église, quelques anges, illuminés par un rayon de soleil opportunément placé, considéraient avec bienveillance la scène édifiante. Il leur aurait suffi de tourner légèrement la tête pour remarquer un rassemblement bien différent : six jeunes vierges folles buvaient, jouaient aux cartes, se laissaient courtiser par nombre de jeunes gens. Derrière elles se profilait une ville manifestement vouée à la paresse, au vice et à l'anarchie.

– Le message de certains tableaux est vraiment dépourvu d'ambiguïté, observa Guy ironiquement.

– Les vierges sages ont l'air très insipides, dit Isabel en souriant. Je crois que je préférerais la compagnie de leurs sœurs plus folles.

Guy tourna encore une page, révélant trois portraits.

– Pieter Nason, dit-il en désignant le premier. Il a fait quelques beaux portraits, il y en a un à la National Gallery d'Édimbourg. Et ici nous avons…

Il montrait la deuxième reproduction, plus petite et moins détaillée.

Isabel reconnut tout de suite le visage orgueilleux, mais finalement plutôt délicat, de Charles Edward Stuart et fut prise d'un frisson d'excitation : Bonnie Prince Charlie, le beau prince Charles en personne.

– C'est lui, dit-elle à mi-voix, le Jeune Prétendant.

La légende de la photo indiquait : *Entourage de Domenico Dupra*, Turin, *Portrait de Charles Edward Stuart*.

– Dupra était un portraitiste italien assez connu, dit Guy. Première moitié du XVIIIe siècle, donc contemporain de Charlie.

– Vous croyez que c'est possible de l'avoir ? L'estimation est basse, ça commence à deux mille livres.

– Il ferait pendant à votre portrait de Jacques VI, répondit Guy après réflexion. Ça vaut le coup d'essayer. Avec les Stuart, on ne sait jamais. Il suffit qu'il y ait un amateur un peu mordu.

– Un jacobite, dit Isabel.

Guy acquiesça. L'enthousiasme pour l'histoire faisait vivre le marché du portrait, expliqua-t-il ; tout le monde a son héros, que celui-ci le mérite ou non.

– Même les lunettes de Gandhi ont été mises en vente, à New York, avant d'être finalement retirées. Je suis sûr que les enchères seraient montées très haut.

Isabel se souvenait d'avoir été émue aux larmes par une photographie représentant des lunettes, une paire de sandales et un *dhoti* – tout ce que Gandhi possédait au moment de sa mort. Ce pitoyable patrimoine témoignait de sa grandeur d'âme mieux qu'un long discours. Étrange que des acheteurs soient prêts à mettre sur la table des milliers de dollars pour des choses qui nient l'importance de l'argent.

Elle observa le portrait de Charles Edward Stuart plus attentivement. Elle n'avait pas d'affection particulière pour cet aventurier vaniteux, sans doute persuadé, comme tous les Stuart, que tout lui était dû. Malgré le caractère exagéré de ses prétentions, on ne pouvait nier le côté romanesque de son histoire, et pour cette raison, elle était prête à lui faire de la place chez elle. À l'époque, quand il s'était agi de choisir un successeur à la couronne d'Angleterre dans la maison de Hanovre, le parlement écossais n'avait pas été consulté. L'Écosse n'avait pas été très bien traitée par Westminster et la cause des Stuart avait focalisé le ressentiment d'une nation bafouée. Ce Français, fragile et déliquescent, drapé des couleurs de son clan, avait incarné la résistance écossaise aux diktats de Londres ; son souvenir était encore vivace.

– Essayons, dit Isabel. Vous enchérirez pour moi ?

– C'est comme si c'était fait, répondit Guy en annotant la page.

Après avoir regardé le reste du catalogue, ils retournèrent dans la galerie. Jamie arriva quelques minutes plus tard ; elle le vit remonter Dundas Street, Charlie endormi dans la poussette.

– Nous sommes descendus jusqu'à Cannonmills, dit Jamie quand elle le rejoignit. Il dort du sommeil du juste.

Isabel se pencha pour contempler Charlie, son visage délicat au repos, sa bouche légèrement entrouverte pour laisser passer l'air, cet assemblage complexe de cellules, miraculeusement agencées pour produire une conscience humaine fragile et infiniment précieuse pour ceux dont la vie était transformée par son existence. Elle se redressa. Le soleil d'été était haut dans le ciel et dorait les collines de Fife, de l'autre côté du Forth. Un autobus grimpait laborieusement en direction de Princes Street et du Mound, les passagers ayant tombé la veste dans la chaleur inaccoutumée. Isabel croisa le regard d'une femme près de la vitre, visage maigre, cheveux tirés en chignon, qui esquissa un sourire vite effacé, comme pour ne pas transgresser les conventions exigeant qu'un citadin s'enferme dans son isolement. Le bus poursuivit sa route et Isabel fut tentée de courir faire un signe d'amitié à cette femme, pour reconnaître leur brève connivence. Elle n'en fit rien pourtant, parce qu'en général, elle n'obéissait pas à ces pulsions, et aussi pour ne pas déconcerter, ou pire, effrayer cette personne. Elle se retourna vers Jamie.

– Tu te souviens des paroles d'« Adieu au Roi » ?

Jamie avait une connaissance encyclopédique de la musique écossaise, y compris dans ses aspects les plus obscurs. « Adieu au Roi » avait les faveurs des patriotes écossais un peu éméchés, et des jacobites sobres en veine de nostalgie.

Jamie resta un instant interloqué, mais Isabel était coutumière de ces questions incongrues, et il commençait à s'habituer.

– *Un jeune prince est venu dans la ville d'Édimbourg*, commença-t-il, *moitié parlant, moitié chantant. Ce n'était pas le petit lord allemand, mais un homme bien plus valeureux, qui se cachait dans la bruyère, sous son plaid écossais*.

– C'est ça, dit Isabel.

CHAPITRE 4

Le lendemain matin, Isabel reçut un coup de téléphone de Cat, sa nièce. Il était sept heures. Isabel, levée à six heures, était dans le jardin avec Charlie. Ce dernier, qui s'était mis à marcher sur le tard, semblait déterminé à rattraper le temps perdu, courant partout avec enthousiasme sans se soucier des chutes. Il était infatigable, mais c'était épuisant pour Isabel qui ne pouvait le quitter des yeux une seconde. Elle avait fait l'acquisition d'un parc, pour souffler un peu et vaquer à ses occupations.

– C'est vraiment recommandé, ce genre de choses ? avait demandé Jamie au moment de la livraison. Il y a des gens qui appellent ça une prison, non ?

– Si, dit Isabel qui s'était documentée, mais ce n'est pas la majorité. Tout dépend combien de temps l'enfant passe dans le parc. S'il n'y reste pas trop longtemps, il apprend à jouer tout seul.

– Pas des heures, tout de même.

– Non, bien sûr. Pas plus qu'il ne doit passer des heures devant la télévision.

– De toute façon, on n'en a pas.

Jamie avait acheté une sorte de trotteur suspendu, fixé sur le linteau d'une porte, qui permettait à l'enfant de sauter au bout d'un élastique solide. Charlie avait adoré, mais dès la deuxième utilisation il s'était cogné contre le chambranle, à droite, puis à gauche. Un peu meurtri, il n'avait pas protesté, mais l'objet avait été consigné dans un placard. Isabel avait décidé que Charlie était de tempérament stoïque, ce qui est fort utile de nos jours. Si ce trait n'était pas simplement un assemblage aléatoire de gènes de la personnalité, alors il devait l'avoir hérité de son père, qui accueillait les contretemps avec beaucoup de philosophie. Certes, le stoïcisme n'est pas très éloigné du défaitisme, mais Isabel était loin de reprocher à Jamie cette aptitude exceptionnelle à accepter la frustration. Elle l'avait vu malheureux, mais jamais il ne s'était mis en colère, et Charlie promettait de lui ressembler. Toutefois, il n'avait pas encore atteint l'âge des caprices, qui mettraient l'endurance d'Isabel à rude épreuve : quand un enfant de trois ans est sur le point de se rouler par terre, ça ne sert pas à grand-chose de lui dire que « c'est la vie ».

– Désolée de t'appeler si tôt, dit Cat. J'ai besoin d'aide.

Dans la vie de Cat, les situations de crise étaient fréquentes, et ses difficultés bien réelles, même si elle en était souvent responsable. Pourtant, Isabel n'éprouvait guère le besoin de le lui faire remarquer.

On ne demande pas à un homme qui se noie comment il s'est retrouvé dans la rivière, pas plus qu'on ne lui montre le panneau « baignade interdite » : on cherche à le secourir, même s'il s'agit de Dove ou du professeur Lettuce. Elle s'amusa à échafauder un scénario. Dove et Lettuce, en train de se noyer dans un lac, appellent à l'aide. Isabel, passant là par hasard, vole naturellement à leur secours ; découvrant l'identité de leur bon Samaritain, les deux hommes ne peuvent cacher leur dépit, mais Isabel, elle, n'éprouve aucune joie mauvaise. Mais s'il était impossible de sauver les deux ? Tel est le dilemme affreux et familier qui hante les cauchemars de parents anxieux et enclins à imaginer le pire : lequel des enfants sauver ? Plutôt que de répondre à cette question atroce, on préfère la refouler.

Comme il s'agissait en l'occurrence de Lettuce et Dove, comploteurs de la même espèce, Isabel jugea qu'ils se valaient au plan moral. Le facteur déterminant ne pouvait être que l'âge, toutes choses égales par ailleurs. Le professeur Lettuce étant le plus âgé, et son avenir plus limité, l'équité exigeait de sauver un Dove relativement jeune. Dove vivrait. Une décision équitable est souvent difficile à prendre, même dans un cas de figure totalement hypothétique, mais elle n'aimait pas cette conclusion.

Cat attendait patiemment, ayant compris qu'Isabel était comme d'habitude plongée dans des réflexions bien éloignées du sujet.

– Tu as besoin que je te remplace à l'épicerie ? demanda finalement celle-ci.

– Si tu peux. Ma chaudière est en panne et le technicien va venir, seulement…

Isabel connaissait le problème : les employés du gaz n'aiment pas fixer de rendez-vous et restent toujours très vagues quant à l'heure de leur intervention.

– Le matin ou l'après-midi, ils n'ont pas voulu être plus précis, expliqua Cat. Il faut donc que je reste chez moi toute la journée.

– C'est vraiment frustrant, dit Isabel. Je veux bien t'aider, évidemment. Et Eddie ?

Eddie, l'employé de Cat, était un jeune homme fragile qui n'avait pas assez confiance en lui pour gérer le magasin. Isabel et Cat l'en jugeaient tout à fait capable, mais les rares fois où il s'était retrouvé tout seul, il avait été très angoissé.

– Il sera là, dit Cat. Mais tu connais le problème.

Elles s'arrangeraient ainsi : Isabel avait la clé et ouvrirait le magasin à neuf heures moins dix, avant l'arrivée d'Eddie. Cat promit qu'elle viendrait la remplacer si le technicien venait tôt, ce qui était peu probable, mais Isabel ne voulut rien entendre.

– Prends ta journée, dit-elle. Les tantes, c'est fait pour ça.

Elle s'arrêta un moment sur cette déclaration. Le devoir d'une tante, c'est effectivement de rendre service et elle s'était toujours efforcée de ne pas décevoir. Ce devoir inclut-il le rapt du fiancé délaissé par la nièce ? Seulement, c'était Cat qui s'était débarrassée de Jamie, commettant là une terrible erreur de jugement. Elle avait perdu le droit de se plaindre qu'Isabel se soit liée à Jamie – même si elle s'en plaignait amèrement. Bien que la situation se soit quelque peu améliorée, le sujet restait douloureux, et Cat risquait d'exploser à tout moment.

Jamie n'était pas encore levé. Isabel lui monta une tasse de thé et l'exemplaire du *Scotsman* qu'elle recevait tous les jours. Quand elle lui annonça qu'elle passerait la journée au magasin, elle vit une ombre traverser son visage. Ils ne parlaient jamais de Cat, tiers invisible dans leur relation – ce qui est souvent le cas des ex-compagnons. À la manière de ces infidélités qui jalonnent l'histoire d'un couple et dont on s'interdit à jamais de parler, car la blessure, même cicatrisée, fait toujours souffrir.

– Je vais voir si Grace peut venir aujourd'hui, dit Isabel. En général elle est libre le samedi. Comme ça, tu n'es pas obligé de garder Charlie toute la journée.

– Mais j'aime bien l'avoir toute la journée, dit Jamie d'un air de reproche.

– Pas de problème alors, dit-elle, conciliante. Il adore être avec toi.

Elle se pencha et l'embrassa sur la joue, en ébouriffant doucement ses cheveux.

– Arrête, protesta Jamie, faussement irrité.

– Tu m'en veux d'aider Cat ? demanda Isabel en s'asseyant sur le lit.

– Non, non, répondit-il en détournant les yeux.

Un rayon de soleil, se faufilant à travers une fente dans les rideaux, touchait son épaule.

– Je crois que si, dit Isabel en posant sa main sur la poitrine de Jamie. Mais je ne peux pas la laisser tomber. C'est impossible : elle est ma famille.

Il lui prit la main, hésitant.

– Je ne te l'ai jamais demandé. C'est moi qui suis mal à l'aise. Je sais que c'est absurde, mais je me sens gêné, parce que…

Il s'interrompit.

– Gêné de quoi ?

– J'ai couché avec elle, et maintenant je couche avec toi.

Il lui en coûtait visiblement de parler avec tant de franchise.

– Mais ce n'est…

Elle ne put finir sa phrase.

– Ce n'est rien ?

– Je n'ai pas dit ça.

– Alors qu'est-ce que tu veux dire ?

– En fait, lâcha-t-elle après une profonde inspiration, à mon avis, tu n'as pas besoin d'y penser.

– On ne peut pas faire comme si ça n'avait pas existé, soupira-t-il.

– Je ne te dis pas de le nier, mais de l'oublier. Ce n'est pas la même chose.

Il la regardait avec cet air pénétrant qu'il avait quand il était particulièrement attentif à ses propos.

– Tu veux vraiment qu'on en discute ?

– Mais oui. Pourquoi pas ?

– Parce que je vais encore parler en philosophe, et ça ne me plaît pas toujours, dit-elle en serrant la main de Jamie. Pas quand je suis avec toi, en tout cas.

À son tour il lui pressa la main.

– Mais j'aime ça, dit-il. Ça me donne l'impression d'avoir épousé Socrate.

Isabel éclata de rire devant cette idée incongrue.

– Merci bien ! Socrate…

– Métaphoriquement, dit Jamie en souriant. Tu es beaucoup plus belle que lui.

– Ce n'est pas difficile. Pauvre Socrate.

– Oublier, tu dis ? dit Jamie en revenant au sujet de leur conversation. On ne peut pas oublier sur commande.

– C'est vrai, reconnut Isabel. En général, on n'a pas de contrôle sur l'oubli. Mais quand même, on peut se forcer à oublier, tu sais. Il suffit de se dire qu'il ne faut pas penser au sujet en question et dans ton cerveau, les zones responsables de l'oubli font le reste, et le souvenir est refoulé.

– Et alors ?

– Alors tu te dis : « Je ne vais plus penser à ma relation avec Cat, je vais l'oublier. » Et tu finiras par l'oublier.

Il resta silencieux un moment, les yeux fixés au plafond, l'air pensif. Essayait-il d'oublier Cat ?

– C'est peut-être que je ne veux pas oublier, dit-il à mi-voix.

– Eh bien, ne l'oublie pas, dit-elle en retirant doucement sa main.

Elle éprouva une déception passagère, et regretta d'avoir abordé le sujet. L'instinct de Jamie était peut-être préférable : ne rien dire, ne pas remuer le passé, si prégnant parfois qu'en cherchant à nier son pouvoir, on ne fait que renforcer le sentiment d'être sa créature.

Elle ouvrit les rideaux, inondant la pièce de la lumière du matin.

– Qu'est-ce que tu veux de bon pour ton petit-déjeuner ? demanda-t-elle.

– Des champignons, répondit-il immédiatement en se redressant pour prendre la tasse de thé qu'elle lui avait apportée. Et des œufs brouillés, avec cette huile aux truffes, juste quelques gouttes.

– Et quoi d'autre ?

– Une tranche de pain grillé très mince.

– Et puis ?

– Une tasse de café jamaïcain avec du lait brûlant, dans une casserole. Pas juste réchauffé au micro-ondes.

Elle sourit et le regarda sortir du lit, nimbé par les rayons du soleil. Je ne mérite pas une telle beauté, songea-t-elle, ni une telle gentillesse. Personne ne mérite d'avoir autant de chance, mais c'est fortuitement qu'on la trouve sur son chemin. Insensible aux prières dont nous balisons notre route, aux incantations magiques que nous inventons, cette rencontre est un caprice du hasard.

Sortant de sa rêverie, elle dut reconnaître qu'elle ne croyait pas vraiment à cette théorie – qu'elle n'y avait en fait jamais cru. Elle s'était simplement laissée aller à un instinct défaitiste. Très tôt, les jeunes enfants comprennent qu'on a souvent ce qu'on mérite. Charlie, même à son âge tendre, commençait à associer sagesse et récompense. Elle n'avait aucune raison de penser qu'elle ne méritait pas Jamie : elle plaisait aux hommes, elle entretenait son corps. Jamie lui-même lui trouvait le type de beauté affectionné par les préraphaélites : Holman Hunt aurait pu la peindre. Elle avait eu beau protester que c'était fort peu probable, le compliment l'avait flattée, et elle l'avait rangé soigneusement parmi ses souvenirs pour y puiser du réconfort le moment venu, un jour de déprime, de découragement.

Quand Eddie arriva, Isabel avait déjà ouvert le magasin. Eddie avait toujours l'air un peu endormi en début de journée. Rarement en retard, il donnait constamment l'impression qu'il venait de tomber du lit. Isabel savait qu'il ne déjeunait pas le matin.

– Je n'ai pas faim le matin, lui avait-il expliqué. Je me sens barbouillé.

Pourtant, une demi-heure plus tard, elle le voyait glisser dans sa bouche un morceau de fromage ou une tranche de jambon de Parme.

– C'est ça, votre déjeuner ?

– Ce n'est pas pareil, répondait Eddie en se coupant un nouveau morceau de fromage.

– Il n'y a rien de mal à prendre un petit en-cas.

Ce matin-là, Isabel remarqua qu'il avait une marque sur le visage ; une ligne rouge descendait en pointillés de la pommette jusqu'à l'angle de la mâchoire. Il s'aperçut de son attention, porta instinctivement la main à la joue.

– Vous avez nettoyé ça ? demanda Isabel en croisant son regard.

– Nettoyé quoi ? marmonna Eddie en détournant les yeux.

Isabel posa la main sur sa propre joue, comme par empathie.

– Laissez-moi regarder cette égratignure. Cat a du désinfectant dans le placard.

Elle s'approcha de lui, mais il se recula vivement.

– Je voulais juste regarder, dit Isabel. Ce serait mieux de mettre quelque chose dessus. Ça a l'air un peu gonflé.

– Vous ne pouvez pas désinfecter les gens de force.

– C'est vrai, répondit-elle en souriant. Du moins, pas les inconnus.

Elle eut une pensée absurde : elle s'imagina dans la rue en train de désinfecter les passants, tel l'adepte d'une secte distribuant ses tracts avec un peu trop d'insistance. Ce n'était pourtant pas pire que d'essayer de convertir un inconnu. Elle s'étonnait souvent de l'arrogance incroyable de ces missionnaires zélés, persuadés que quelques mots suffiront à renverser les fondements théologiques ou philosophiques de toute une vie, comme si le converti potentiel allait soudain s'écrier : « Bon sang, j'ai fait fausse route depuis le début ! » Ce qui est profondément insultant, c'est d'imaginer que la vision du monde de l'autre est suffisamment fragile pour s'écrouler en deux minutes. Mais c'est peut-être comme ça que les idées se répandent : tôt ou tard, après de vaines tentatives, le prosélyte rencontre enfin celui qui est prêt à se laisser persuader.

Cela lui rappelait les circonstances dans lesquelles un essayiste célèbre s'était converti au communisme. Après une soirée très arrosée, il s'était réveillé dans le lit d'une femme qui ne lui plaisait pas vraiment. En regardant par la fenêtre, il s'était aperçu qu'il gelait. Parce qu'il avait oublié de mettre de l'antigel, le moteur de la voiture qu'il avait empruntée à un ami avait été endommagé. Le communisme lui permettait de repartir sur de nouvelles bases et il avait adhéré.

Elle se rendit compte qu'Eddie la regardait avec rancune.

– D'accord, dit-elle. Ce sont vos affaires.

– Exactement.

Isabel ressentit un léger agacement. Elle avait simplement proposé son aide, et voilà qu'il la traitait comme si elle voulait empiéter sur son indépendance.

– Juste pour savoir, Eddie, si vous me voyiez arriver avec une balafre sur la joue, vous ne me demanderiez pas ce qui m'est arrivé ? Vous ne voudriez pas m'aider ?

Il la fixait des yeux sans répondre.

– Alors ? s'impatienta Isabel.

– Je ne sais pas. Peut-être.

Isabel eut l'impression d'avoir marqué un point.

– Alors vous pouvez comprendre pourquoi je voulais vous aider puisque vous feriez la même chose pour moi. Que s'est-il passé ?

– C'est une ronce, dit-il en se détournant. Je marchais le long du canal et je me suis fait égratigner par un buisson, ce truc avec des fruits, des mûres. La Ville devrait les couper.

– Si c'est ça, ce n'est pas bien dangereux, mais il faut quand même surveiller. Si la blessure commence à vous faire mal, c'est qu'elle s'infecte. Il faudra alors consulter un médecin.

Eddie, apparemment soulagé que l'interrogatoire soit terminé, sortit de derrière le comptoir les planches à découper le fromage. Puis il remplit d'eau la grosse machine à café et passa un chiffon sur la buse à vapeur, pendant qu'Isabel allait dans le bureau récupérer la caisse, enfermée à clé dans le placard. Elle nota la présence de désinfectant sur l'étagère, dont l'étiquette arborait l'image d'un garçonnet qui se faisait soigner le genou par une mère consciencieuse : « Pour les petites blessures de la vie quotidienne ». Innocentes blessures que celles-là… Dans un premier temps, elle avait cru à l'explication donnée par Eddie mais elle se mit soudain à douter. Il lui faisait songer à ces gens qui justifient un œil au beurre noir en disant qu'ils se sont cognés dans une porte, alors qu'il s'agit de violences conjugales, ou d'une bagarre. Eddie s'était fait griffer par quelqu'un : une petite amie, peut-être. Eddie avait un temps fréquenté une fille qui n'avait pas très bon genre. Il avait depuis rompu, mais sa petite amie actuelle était peut-être du même acabit.

Elle mit la caisse à sa place. Il était neuf heures, heure officielle d'ouverture du magasin ; elle fit signe à Eddie de déverrouiller la porte. Il était fréquent que des clients se présentent au moment de l'ouverture, désireux de prendre un café et de lire le journal, installés à l'une des petites tables du fond, avant d'aller travailler.

Ce fut une matinée très chargée. Un peu après onze heures, Cat téléphona pour annoncer que le technicien n'était toujours pas passé, et n'arriverait qu'en fin d'après-midi.

– Qu'est-ce que je fais si ça explose ? gémit-elle.

– Espérons que tu n'exploseras pas... C'est tout ce qu'on peut faire.

– Ce n'est pas drôle, répondit Cat sèchement. Isabel s'excusa, elle voulait parler de l'appartement, et non de sa nièce. Cat avait tort d'interpréter ses mots au premier degré. Après Eddie, voilà qu'elle avait offensé Cat. Elle décida qu'il n'y avait pas de raison de prendre la mouche : l'un et l'autre étaient décidément trop susceptibles. Mais c'était peut-être elle-même qui manquait de tact.

Ils ne firent pas de pause pour déjeuner, car l'épicerie-salon de thé attirait beaucoup de clients entre midi et deux heures. Ensuite, le rythme se ralentit et Isabel remplaça Eddie derrière le comptoir tandis que celui-ci mangeait un sandwich dans le bureau de Cat, les pieds sur la table. Elle ne fit pas de commentaires. Quand Cat n'est pas là, les souris dansent : c'était normal...

Après Eddie, ce fut au tour d'Isabel de faire une pause. Elle se prépara une tasse de café, téléphona à Jamie pour s'assurer que Charlie allait bien et s'installa à une table avec un petit sandwich au fromage. Elle feuilleta un exemplaire de la première édition du *Evening News* qu'un client avait laissé sur une table. C'était un journal local, aux sujets par nature assez limités, et Isabel y trouvait rarement de quoi l'intéresser. Pourtant, cette fois-ci, le titre d'un entrefilet attira son attention : « Une femme agressée à Morningside ». Elle lut la suite. Une jeune femme avait été attaquée la nuit précédente près du Royal Edinburgh Hospital ; elle s'était débattue et avait réussi à faire fuir son agresseur, qu'elle décrivait comme un homme fluet. C'était tout ce qu'elle avait pu voir en pleine nuit.

Isabel relut l'article et leva les yeux vers le comptoir : Eddie lui sourit.

Non, c'était inconcevable, c'était ridicule. Eddie était inoffensif, incapable de violence. Il était plus susceptible d'être agressé lui-même ; d'ailleurs, elle devinait que cela avait dû être le cas dans le passé. Il arrive à quantité de gens de se faire égratigner, et même si Eddie avait inventé cette histoire de ronce, même s'il avait été griffé, il était impensable que ce soit lui l'agresseur. Elle se rappela pourtant que tout criminel reste un frère, un ami... un employé dans une épicerie-salon de thé.

Isabel but son café et se leva. Une cliente venait d'entrer et tâtait en douce les avocats.

– Je vous demanderais de ne pas faire ça, dit Isabel calmement en arrivant derrière elle, sinon vous allez les abîmer.

– Comment est-ce que je peux savoir s'ils sont mûrs alors ? demanda la cliente en se retournant d'un air outré.

– Si vous devez le toucher, faites-le avec un doigt, et doucement. Mais il ne faut pas appuyer trop fort.

– Jamais on ne m'a parlé sur ce ton, dit la femme, les narines frémissant de colère.

Isabel était estomaquée.

– Je n'ai pas voulu vous insulter, dit-elle. Je vous ai seulement demandé de ne pas abîmer les avocats. On en jette une quantité énorme, parce que les gens font ce que vous venez de faire.

– Il y a d'autres magasins à Édimbourg, dit la femme en tournant les talons, où les clients ne se font pas insulter par le personnel.

On aurait dit qu'elle avait craché ce dernier mot : « personnel ».

– Je suis désolée, répondit Isabel en réprimant une envie de rire.

Mais la femme n'écoutait plus. Isabel se tourna vers Eddie, qui souriait d'un air supérieur.

– Qu'est-ce que vous lui avez dit ? demanda-t-il quand la cliente eut quitté le magasin.

– Je lui ai seulement demandé de ne pas toucher les avocats, et elle s'est mise en colère.

– Vous avez dû la vexer, les gens sont si susceptibles.

Isabel leva un sourcil ; il est plus facile, manifestement, de reconnaître ce trait chez les autres. Eddie la considérait avec l'air dont on regarde quelqu'un qui vient de se couvrir de ridicule par étourderie ou simple sottise.

Je n'ai aucune raison de supporter tous ces gens hypersensibles, se dit Isabel. Eddie et ces clients mal élevés, c'étaient les affaires de Cat, pas les siennes. Le jeune homme l'observait toujours, d'un air qu'elle trouva étrange. L'espace d'un instant, elle se demanda s'il avait compris qu'elle savait tout, qu'elle avait lu le compte-rendu dans le journal. *Et s'il estimait que je représente un danger pour lui, qui ne peut être éliminé que par...* Elle arrêta net ses élucubrations, se refusant à échafauder un tel scénario au sujet d'Eddie.

À la fin de la journée, Eddie était devenu beaucoup plus bavard. Sa mauvaise humeur du matin avait disparu ; même son égratignure semblait s'estomper. Isabel essaya de ne pas y penser et y réussit : de toute façon, ses hypothèses étaient totalement ridicules. Elle commençait à ressembler à ces femmes peureuses qui téléphonent sans cesse à la police pour dire qu'il y a un homme caché sous leur lit. Tout en pensant peut-être qu'elles prennent leurs désirs pour des réalités, les policiers se montrent toujours pleins de tact.

Au moment où elle allait fermer le magasin, elle vit Eddie enlever son tablier.

– C'est Cat qui vous le lave, je crois ? demanda Isabel.

– En principe, dit Eddie. Mais elle oublie toujours, alors je le donne à ma mère. C'est elle qui fait toute ma lessive.

– Vous avez de la chance.

– Mais vous aussi, vous avez quelqu'un qui s'occupe de votre linge. Cat m'a dit que vous aviez une dame qui fait tout chez vous.

– Moi aussi, j'ai de la chance, grimaça Isabel. Et Grace ne fait pas tout, même si elle fait beaucoup de choses.

– Ça doit être formidable d'avoir de l'argent, dit Eddie.

Il n'y avait pas d'envie dans sa voix, c'était juste un constat. Isabel sourit pour tenter de cacher son embarras.

– Je ne suis pas vraiment riche. Encore une fois, j'ai de la chance. Quand on a de l'argent, on n'en parle pas, on évite d'en faire étalage. Et si on a une conscience, on essaie de l'utiliser à bon escient.

– Moi, je ne serai jamais riche, dit Eddie en essuyant une trace de farine sur son tablier. Mais ça m'est égal.

– Vous avez bien raison.

Eddie plia son tablier, le glissa dans un sac en plastique.

– Cat dit qu'elle doit faire attention. Elle a des économies et ne veut pas qu'un homme la courtise pour son argent. C'est ce qu'elle m'a dit, en tout cas.

– Il n'y a rien de pire qu'un coureur de dot. C'est très sage de sa part.

Isabel s'aperçut avec un certain sentiment de culpabilité que c'était bien la première fois qu'elle disait cela de sa nièce. La sagesse peut prendre différentes formes.

– Elle voit quelqu'un en ce moment ? demanda Isabel après une pause.

Elle avait essayé de paraître indifférente mais sentait bien qu'Eddie pouvait lire dans ses pensées. Il lui lança un regard de biais.

– Qui ? Cat ?

– Oui.

– Oui, elle voit quelqu'un.

Elle attendit qu'il en dise davantage. Elle dut l'encourager doucement.

– Vous l'aimez bien ?

– Ses petits amis n'ont jamais l'air de rester très longtemps, dit-il en haussant les épaules. Je ne sais pas. Je ne l'ai pas vu beaucoup, il n'est venu ici qu'une ou deux fois. Il est trop occupé, je crois.

– Occupé à quoi ? insista Isabel.

– Vous n'allez pas me croire, dit Eddie en souriant. C'est un équilibriste.

Isabel resta silencieuse, mais elle croyait Eddie : c'était bien dans le genre de Cat, même si cela sortait un peu de l'ordinaire.

Elle prit les clés. Eddie était prêt à partir ; il en avait assez de parler de Cat et la soirée l'attendait.

– Un funambule, dit Isabel à mi-voix.

– Comment ? demanda Eddie.

– L'ami de Cat. C'est un funambule, quelqu'un qui marche sur la corde raide.

Comme nous tous, se dit-elle, tout compte fait.

CHAPITRE 5

Le goûter d'anniversaire pour les deux ans de Roderick McCaig commençait ce dimanche-là à trois heures ; les parents devaient venir rechercher les convives à cinq heures. Jamie était peu enthousiaste.

– Tu crois vraiment qu'il faut y aller ? Je n'aime pas cette femme, tu sais. Et Charlie déteste Roderick. Il n'est pas obligé d'assister au goûter d'anniversaire de quelqu'un qui a essayé de lui arracher ses chaussures.

Isabel admettait que Roderick n'était pas, pour l'instant, un compagnon idéal pour Charlie, mais lui fit remarquer qu'il ne serait pas seul.

– Il faut bien qu'il commence à rencontrer d'autres enfants. Il n'a pas d'amis.

– Il a moi, toi et Grace, dit Jamie sans conviction.

– Tu peux rester si ça t'ennuie. Je ne veux pas te forcer. Je dirai que tu as eu un empêchement, ce qui ne sera pas un mensonge à proprement parler puisque, en fait, tu n'as pas réussi à trouver la motivation nécessaire. Pour Minty, cela n'a pas d'importance.

Pourtant, Minty risquait d'être déçue : manifestement, Jamie avait suscité sa curiosité. Il n'était pas exclu que cela seul ait motivé l'invitation, Charlie et Roderick servant de prétexte.

– Non, non, je viens. Ça peut être amusant.

Ils préparèrent Charlie avec soin, lui passant le kilt qu'Isabel venait de lui acheter : une mince bande de tissu écossais aux couleurs des Macpherson, plissée dans les règles de l'art et agrémentée d'une bourse miniature et d'une épingle à motif celtique. Le vêtement avait été conçu pour les enfants qui portaient encore des couches : dans le cas de Charlie, on n'aurait pas à se demander ce que dissimulait le kilt, question immémoriale s'il en fut.

Charlie se mettait debout précautionneusement dans ce costume peu familier.

– Regarde-le, dit Jamie. Tu n'es pas fière de le voir en kilt ?

Isabel l'était. Certes, la nationalité est un accident de l'Histoire : que l'on soit écossais, américain, ou autre chose, est-il légitime de s'enorgueillir d'un patrimoine que l'on n'a rien fait pour mériter ? Mais cet orgueil national est un sentiment puissant, et en cet instant précis elle le ressentait à la place de Charlie. C'est une forme d'amour. Pourquoi donc avoir honte d'aimer sa patrie, sa culture, son appartenance à un groupe tout entier ?

Ils se mirent en route, Isabel au volant, Jamie à côté d'elle, et Charlie, arrimé dans son siège-bébé à l'arrière, riant d'excitation : il aimait la voiture. La maison de Minty se trouvait à une vingtaine de kilomètres du centre-ville. À mi-chemin, alors qu'ils roulaient entre les Pentlands d'un côté et les collines du Peebleshire de l'autre, Charlie répéta soudain le mot « olive ». Jamie se retourna pour lui sourire. Charlie, surpris de l'attention subite que lui portait son père, le regarda d'un air très sérieux.

– Olive, Charlie ?

Charlie ne répondait rien, fixant Jamie de cet air impavide, déconcertant, que prennent souvent les bébés et les très jeunes enfants.

– Pas d'olives, Charlie, dit Isabel par-dessus son épaule. Les olives sont toutes parties.

– Les olives sont parties, répéta Jamie. Ce serait un joli titre de chanson, tu ne trouves pas : « Les olives sont parties ». Très mélancolique.

– C'est vrai. Et les paroles ?

– Il faut que je réfléchisse, dit Jamie. Je te dirai ça quand j'aurai fini d'écrire la musique.

Il ne doutait pas que l'inspiration viendrait : c'était toujours le cas quand une phrase, un vers, frappait son imagination. Comme tant d'autres chansons, « Les olives sont parties » chanterait naturellement la nostalgie de l'objet aimé et perdu.

Ils atteignirent bientôt la maison de Minty, juste avant Carlops, petit village à quelques kilomètres d'Édimbourg. Isabel aimait beaucoup le coin : au sud et à l'est s'étalent des prés doucement vallonnés, verts ici, mûrissants là, et bleus dans le lointain. C'est un paysage immémorial d'étendues brumeuses, sous un ciel tempéré aux tons délavés, parsemé de bergeries et de fermes comme au temps de Stevenson ou de Hume, dont les habitants se livrent à des activités séculaires : travailler cette parcelle d'Écosse, la garder fertile, la transmettre aux générations futures ; un lieu façonné par la coutume et l'usage.

Minty leur avait donné des instructions détaillées, qu'Isabel avait notées sur un bout de papier qu'elle remit à Jamie quand ils quittèrent la route principale au niveau d'un bosquet de pins d'Écosse. Il la guida le long de l'étroit chemin de terre, dont seul le centre était goudronné, qui menait à une ferme.

– C'est là, dit Isabel. Regarde !

– C'est ici qu'elle habite ? demanda Jamie, médusé.

– Je suppose. Je ne pensais pas qu'elle était mal logée, mais quand même…

La maison était située en retrait de quelques centaines de mètres du chemin, qui s'éloignait en serpentant vers une étable basse et plusieurs remises. Une allée longeait des massifs de rhododendrons exubérants, où le rose se mêlait au rouge pâle. Puis les arbustes laissaient la place à une pelouse, jusqu'à une maison de style géorgien, beaucoup plus imposante que les résidences des grands exploitants de la région. Elle avait été bâtie pour abriter une famille en pleine ascension sociale, mais pas encore assez riche pour habiter un château.

Abandonnant le chemin, ils empruntèrent l'allée, un peu plus confortable, et se rangèrent sur le côté de la maison, où se trouvaient déjà plusieurs véhicules haut de gamme auprès desquels la voiture verte d'Isabel faisait triste figure. L'une de ces voitures venait visiblement d'arriver ; une femme était en train d'en extraire un enfant, ainsi qu'un panier avec tout l'attirail nécessaire. Elle tourna la tête vers Isabel. Après une courte hésitation, elle fit un geste amical de la main avant de se diriger vers la maison.

La porte d'entrée était ouverte. Minty, dans le hall, bavardait avec une des autres mamans. Elle s'interrompit pour accueillir chaleureusement Isabel et Jamie.

– Vous n'êtes jamais venus, je crois ?

– Non, dit Isabel. C'est charmant.

Le visage de Minty s'éclaira.

– Nous avons cherché longtemps. Nous étions sur le point de nous installer à Gullane, Édimbourg-sur-Mer, comme on dit, quand cette maison a été mise en vente. C'est exactement ce que nous voulions.

Elle fit un sourire à Isabel, et un plus large encore à Jamie.

– Jetez un coup d'œil, si vous voulez. Mais autant attendre un peu, que je sois plus disponible. Pour le moment, il faut mettre les enfants à table. Les troupes ont besoin d'être ravitaillées !

Ils pénétrèrent dans la cuisine, vaste pièce carrée aux larges dalles de pierres, dominée par une immense table de réfectoire où avait été dressé le couvert. Les huit jeunes convives étaient presque tous déjà installés, flanqués d'un parent pour les faire manger et éviter que tout ne se retrouve par terre. Jamie fit asseoir Charlie et prit place à côté de lui. Isabel resta en retrait pour les observer.

Comme ils avaient l'air de se débrouiller très bien sans elle, Isabel se dirigea vers une porte-fenêtre pour admirer le jardin. La partie cuisine, une adjonction de l'époque victorienne, située à l'arrière de la maison, donnait sur une petite pelouse et, au-delà de celle-ci, un vaste potager clos. Les murs, en pierre grise caractéristique de l'est de l'Écosse, s'élevaient à plus d'un mètre au-dessus de la tête. Contre le mur extérieur, des pommiers en palmettes, séparés par des rosiers grimpants blancs, tout en fleur. À travers une ouverture dans le mur d'enceinte, elle devinait des arbustes fruitiers, certains recouverts de filets pour les protéger des oiseaux pillards.

Isabel, devinant une présence derrière elle, se retourna : c'était Minty, une assiette à la main.

– J'ai préparé ces scones pour les adultes, déclara celle-ci. Pour les enfants, j'avoue qu'il n'y a pas de carottes, tout est sucré. Je ne suis pas une mère très à la page.

– Si on leur donnait des carottes à un goûter d'anniversaire, répondit Isabel en riant, les pauvres chéris seraient très déçus.

– Essayez, dit Minty en lui tendant l'assiette. Ils sont au parmesan. La recette indiquait du cheddar, mais je trouve le cheddar insipide.

– C'est vrai, acquiesça Isabel.

Elle se sentit immédiatement coupable d'avoir montré autant de dédain pour toute une tradition fromagère.

– Pourtant, dit-elle en se servant, tout le monde ne trouve pas le cheddar si insipide que ça.

– C'est absolument insipide.

Isabel mordit dans son scone; elle n'avait pas vraiment envie de se lancer dans un débat sur les mérites ou les défauts du cheddar.

– *À chacun son fromage*, conclut-elle simplement.

– Alors pas de cheddar pour moi, répliqua Minty en la regardant.

Isabel s'en tint là. Les scones étaient délicieux, et elle décida d'en faire compliment à Minty pour mettre fin au débat. Mais Minty posa soudain l'assiette sur un buffet et prit Isabel par le bras, juste au-dessus du coude. Isabel eut un choc : était-il possible qu'un désaccord au sujet du cheddar prenne un tour violent ? Ce serait une aubaine pour la presse à sensation. Elle imagina fugitivement le gros titre : « Scandale au château : deux bourgeoises d'Édimbourg se crêpent le chignon à propos de fromage, devant des enfants traumatisés ». Toutefois, le geste de Minty ne visait pas la confrontation, mais plutôt la discrétion.

– Venez, je vais vous montrer le jardin.

Sans attendre de réponse, Minty poussa Isabel vers la porte. Elles sortirent et traversèrent la pelouse vers le potager. Un hélicoptère miniature gisait sur le flanc, à moitié englouti dans un océan vert, ses hélices déformées par l'impact.

– C'est en partie pour le jardin que nous avons choisi la maison, dit Minty. Ça a beaucoup de charme, un jardin clos de murs, vous ne trouvez pas ? C'est très utile ici, avec le vent qui souffle directement du Lanarkshire. Vous savez que Biggar est l'un des endroits les plus froids d'Écosse. C'est vraiment glacial.

Minty invita Isabel à entrer dans le potager. La porte était assez haute pour elle, mais elle baissa la tête malgré tout, et se retrouva devant les arbustes fruitiers aperçus de la maison, plus nombreux qu'elle n'aurait imaginé : ils occupaient la moitié du potager, l'autre moitié étant consacrée aux salades, choux frisés et petits oignons.

– C'est fonctionnel, constata Minty.

– Je devrais planter des légumes, moi aussi, dit Isabel, consciente de ses lacunes en tant que jardinière. Ne serait-ce que quelques pommes de terre. Mais nous avons un renard qui déterre tout.

– Il faut vous en débarrasser. Ici aussi, il y en avait un.

Isabel imagina un renard dans ce domaine, grimpant sur le mur en s'agrippant aux palmettes, rampant au sommet, et descendant dans le potager. Quel mal aurait-il pu faire ? Il y avait assez d'espace pour qu'il puisse creuser son terrier, sans empiéter sur les légumes de Minty. Avec cinq mots seulement, cette femme, cette banquière florissante, venait de révéler qu'elle n'avait pas de cœur : « Il faut vous en débarrasser. » Cinq mots.

– Je n'ai pas pu me résoudre à le... commença Minty. Par ici, on ne mâche pas ses mots. Le fermier a proposé de l'abattre d'un coup de fusil, mais j'ai dit non.

Encore une fois, Isabel s'était trompée.

– Je comprends, dit-elle. Je me suis habituée au mien.

– Je ne parlais pas de le détruire, expliqua Minty. Mais il y a un type, à Dalkeith je crois, qui peut venir le chercher chez vous en ville et qui le relâche ensuite dans la nature.

– J'en ai entendu parler, mais j'ai quelques doutes....

– Il faut faire confiance aux gens, interrompit Minty.

Il sembla à Isabel qu'en parlant ainsi, Minty la regardait d'un air plein de sous-entendus. Est-ce que ce type était venu...

– Comment... ?

– Il est mort de mort naturelle, coupa Minty qui semblait avoir l'art d'anticiper les questions. Je l'ai retrouvé de l'autre côté du mur. J'ai cru d'abord qu'il dormait, et puis j'ai vu qu'il ne bougeait pas. Il est enterré près du ruisseau, là-bas.

Elle indiquait le fond du jardin. Bel endroit pour une tombe, songea Isabel : au sein de ces collines tapies à l'horizon tels des renards géants endormis, des divinités vulpines peut-être, auxquelles les animaux sacrifient la nuit. L'endroit était idéal.

– Pauvre renard, soupira Isabel.

Propos banals, sans doute, mais que dire d'autre quand meurt un être vivant, homme ou renard ?

Minty ne répondit rien. Le moment était étrange : Isabel sentit une petite brise légère caresser sa joue, venue de ces collines qui couraient vers la côte, la mer du Nord, l'extrémité de l'Écosse.

– Je ne sais pas par où commencer, dit enfin Minty.

Isabel la regarda d'un air interrogateur.

– Je me suis même demandé si c'était une bonne idée de vous en parler, continua Minty. Mais vous avez l'air si humaine que je vais me lancer.

Isabel eut envie de protester, de la contredire, mais ne trouva pas les mots.

– Oh.

– Oui, dit Minty. J'ai beaucoup d'amis, des amis intimes aussi. Mais j'ai peur que ce soit un peu pénible pour eux, et je ne suis pas sûre de leur réaction.

Isabel passa rapidement en revue différentes hypothèses. Problèmes conjugaux ? On aime rarement les évoquer avec ses amis. Pourtant, Isabel pouvait difficilement conseiller une personne qu'elle ne connaissait pas vraiment. Alors, des problèmes financiers ? C'était peu plausible, compte tenu du standing de la maison, de la distillerie de whisky du mari, sans oublier la banque.

– Je ne suis pas sûre d'être en mesure de vous aider, dit Isabel, mais vous pouvez vous confier à moi.

– Merci. Je me suis adressée à vous parce que je sais que vous avez déjà aidé des gens. Vous vous souvenez dans quelles circonstances nous nous sommes rencontrées ? Ce terrible accident, le jeune homme qui est tombé des loges dans la salle de concert ? Quelqu'un d'autre m'a aussi parlé d'un service que vous auriez rendu. Je me suis dit que vous n'alliez pas vous formaliser.

– Me formaliser de quoi ?

– Avez-vous déjà eu peur ?

– Moi ? s'écria Isabel, stupéfaite.

Minty se pencha pour cueillir une petite fleur bleue qui poussait au bord de l'allée.

– Une jacinthe des bois, dit-elle en la montrant à Isabel. Elle est venue toute seule.

Isabel se rappelait vaguement avoir lu quelque part que ce sont les femmes qui cueillent les fleurs, pas les hommes. Scène typique de D. H. Lawrence : une femme cueille des fleurs, un homme l'observe. Par exemple, dans ce poème curieux, « Gentianes de Bavière ». *Tout le monde n'a pas de gentianes chez soi…* Drôle d'idée…

– On a tous eu peur un jour ou l'autre, dit Isabel, et je ne fais pas exception à la règle.

Minty lâcha la fleur et se frotta les mains comme pour essuyer toute trace.

– Oui, bien sûr, passagèrement. Mais vivre avec la peur jour après jour, c'est différent.

– Sans doute, dit Isabel.

Isabel avait du mal à imaginer cette femme compétente, à la situation enviable, vivant la peur au ventre. Ce n'était pas très plausible.

– C'est une peur étrange, parce qu'elle est omniprésente, on ne peut jamais l'oublier. Comme un orage qui menace d'éclater. Quoi qu'on fasse, elle est là, en toile de fond.

Isabel s'arrêta. Il était temps de voir plus clair dans les allusions de Minty. Visiblement, elle avait peur, mais de quoi ? Isabel pensa à des poursuites judiciaires, et au chantage aussi : la maison respirait la réussite et la respectabilité, matérialisées par la pierre, mais ce genre d'édifice peut fort bien s'écrouler à cause de quelques mots.

– Qu'est-ce qui vous fait peur ? C'est ça dont vous voulez parler ?

Cette question directe sembla irriter Minty.

– J'essaye de vous expliquer. Tout le monde ne se rend pas compte.

– J'en suis bien consciente, répliqua Isabel vivement. Mais qu'est-ce que c'est ? Qu'est-ce qui vous donne cette impression ?

– Quelqu'un s'acharne contre moi.

– Comment ça ?

– Des petites choses. Ou d'autres, plus sérieuses, comme ce contrôle fiscal imprévu. Souvent, l'administration agit sur dénonciation. Dans mon cas, c'était dénué de tout fondement, mais c'est désagréable, et ça coûte cher en honoraires de comptables.

– Vous ne pouvez pas en être sûre, dit Isabel. Ils font des contrôles au hasard, je crois.

– Et puis ma secrétaire a démissionné, continua Minty sans tenir compte de l'intervention d'Isabel. Je me reposais entièrement sur elle et elle m'a soudain annoncé qu'on lui avait fait une offre intéressante ailleurs. Je lui ai proposé la même chose, et j'ai même ajouté cinq pour cent. Mais elle n'a même pas voulu en parler. Je pense qu'elle a tout simplement reçu des menaces. On a cherché à lui faire peur pour qu'elle parte.

Tout en convenant que c'était étrange, Isabel savait que les gens ne disent pas toujours pourquoi ils veulent changer d'employeur. Il n'était pas impossible que la secrétaire de Minty trouvât celle-ci insupportable, comme Jamie et autrefois Isabel.

– Oui, je sais, on peut quitter son poste pour quantité de raisons. Mais il y a eu d'autres choses encore. Le pire, c'était la semaine dernière. En rentrant du travail, j'ai découvert qu'on m'avait envoyé des fleurs.

Isabel eut soudain l'intuition que Minty était malade. La paranoïa peut prendre des formes multiples. Elle-même avait un oncle du côté de son père, un ancien courtier en bourse, qui, persuadé que le facteur cachait son courrier, avait fini par le mordre. Le facteur, magnanime, en avait ri. Ses collègues et lui avaient l'habitude d'être attaqués par les chiens : être mordu par le propriétaire d'un d'entre eux était un degré au-dessus. Grâce à la compréhension du fonctionnaire, et à l'indulgence du procureur, l'oncle Fergus avait échappé à des poursuites humiliantes. Il avait vécu ses dernières années dans une maison de retraite, tout à fait satisfait de son sort, mais soupçonnant toujours l'infirmière-chef d'intercepter ses lettres. Selon le père d'Isabel, l'oncle

Fergus n'aurait jamais osé la mordre. Comme beaucoup d'infirmières de l'époque, elle avait une carrure imposante, et ne badinait pas avec la discipline. Il ajoutait toujours qu'en matière de criminalité, la peur du châtiment est le meilleur moyen de dissuasion, et qu'il était dommage que les spécialistes l'oublient.

– Des fleurs, répéta Isabel à mi-voix.

– En forme de couronne, précisa Minty.

En évoquant ce détail, un éclair de colère passa dans ses yeux. Isabel garda le silence.

– Une couronne mortuaire. Et ce n'est pas tout. Un incendie a été allumé dans une des serres, en notre absence.

– Qui a pu faire ça ? Vous avez une idée ?

Le visage de Minty s'assombrit.

– Je crois savoir, dit-elle après un moment.

Isabel attendit qu'elle en dise plus. Minty avait détourné la tête et regardait dans la direction des collines.

– Pourquoi ne pas porter plainte ? demanda Isabel.

Elle savait bien que la question était oiseuse. Dans le monde bien ordonné de la bourgeoisie, on penserait pouvoir trouver aide et protection auprès d'une police dont la mission est de protéger les citoyens. Mais cela ne se passe pas tout à fait ainsi en réalité. Souvent la police ne peut rien faire ; souvent aussi, elle ne veut rien faire. La plupart du temps, il faut se défendre soi-même.

– La police ne ferait rien, déclara Minty avec dédain. Rien du tout. Pour eux, c'est une querelle de voisinage. Ils n'aiment pas se mêler de ce genre de conflit.

C'était vrai. La police se plaît à vanter la discrétion, mais celle-ci confine parfois à l'inaction. Elle se rendit compte que Minty n'avait pas dit sur qui portaient ses soupçons.

– Qui est-ce ?

– Je n'en ai parlé à personne, dit Minty en baissant la voix et en la regardant dans les yeux. Je ne sais pas pourquoi je vous raconte tout ça. Enfin si, je sais. Vous avez quelque chose... Bref, je vous fais confiance. Vous pouvez garder un secret ?

– Je crois.

– Vous pouvez mettre Jamie au courant, bien sûr, je n'y vois pas d'inconvénient. Mais à part lui...

– Je n'en parlerai à personne.

Minty hésitait encore. Enfin, elle se décida.

– Il s'agit de chantage.

– Je m'en doutais un peu, dit Isabel.

– Ce n'est pas une question d'argent.

– Ah ?

– C'est plus personnel que ça.

Isabel posa un instant sa main sur le bras de Minty. Elle n'avait pas vraiment envie de partager ce genre de confidence. Minty n'était guère plus qu'une étrangère pour elle.

– Vous n'êtes pas obligée de m'en dire plus.

– Je sais, répondit Minty qui semblait maintenant décidée. C'est au sujet de Roderick.

– Ils ont menacé de lui faire du mal ? s'écria Isabel, le souffle coupé.

– Non, non. Mais c'est que Roderick… En fait, il n'est pas le fils de Gordon.

Tout s'éclairait. Au-delà de sa réussite professionnelle, Minty était aussi une femme, et une femme mariée.

– Voilà, vous savez tout. Je ne l'ai jamais dit à personne. Roderick est le fruit d'une liaison que j'ai eue avec un autre homme. Ça n'a pas duré longtemps, mais je suis tombée enceinte. Naturellement je n'ai rien dit à Gordon, et il croit être le père de Roderick.

– Vous êtes sûre ?

– Évidemment ! Ça vous étonne ?

– Mais si vous étiez encore avec Gordon quand vous avez eu cette liaison…, commença Isabel en s'efforçant de faire preuve de tact, il est possible que…

Elle n'alla pas plus loin ; ce n'était d'ailleurs pas nécessaire. Minty éclata de rire, nullement troublée par ce qu'Isabel venait de suggérer.

– Je vois ce que vous voulez dire. Ce sont des choses qui arrivent, quand une femme mariée a une liaison. C'est vrai, Roderick aurait pu être le fils de Gordon, mais il ne l'est pas.

– Vous avez fait des examens ?

Minty expliqua qu'elle s'était refusée à faire un test, au début parce qu'elle ne voulait pas savoir, et plus tard parce qu'elle était sûre de son fait.

– Je n'ai pas besoin d'un laboratoire pour savoir à qui ressemble Roderick. Il suffit de le regarder, tout le montre : la forme de la tête, les yeux, tout.

Isabel comprenait parfaitement. Charlie était le fils de Jamie : une mère sent ces choses-là.

– Et maintenant, quelqu'un a découvert le secret et veut vous faire chanter ?

– Oh non. Il le savait depuis le début.

Isabel attendit une explication.

– Le père, dit enfin Minty. Ce n'est pas de l'argent qu'il veut, c'est Roderick.

Les deux femmes restèrent quelques instants les yeux dans les yeux.

– Voilà la situation, dit Minty en haussant les épaules. Mais rentrons voir ce qui se passe. Vous avez signé le livre d'or ?

– Non.

– Il faut absolument que vous le signiez, dit Minty en la prenant par le bras. On va le faire tout de suite avant d'oublier. J'aime bien garder une trace des gens qui viennent ici.

Jamie avait beaucoup de choses à raconter pendant le trajet du retour et Isabel n'eut pas l'occasion de parler à Jamie de sa conversation avec Minty avant le soir. Pendant qu'elles étaient toutes deux dans le jardin, Roderick McCaig, pourtant surveillé, en théorie du moins, par son père, avait jeté à Charlie un morceau de gâteau. Celui-ci, avec beaucoup de sang-froid, avait ramassé les miettes du missile pour les manger. Roderick, persuadé que le gâteau était toujours à lui, s'était mis en colère. Ensuite, le voisin de Roderick avait vomi sur son pantalon, ce qui n'avait pas arrangé l'humeur du jeune hôte.

– C'était la jungle, déclara Jamie. On oublie ce que c'est d'avoir deux ans.

– La selve, avait murmuré Isabel.

– La sylve ? La forêt ? demanda Jamie, perplexe.

– Non, la selve. Ça vient de l'espagnol *selva* : en anglais ça désigne seulement la forêt amazonienne. C'est dommage. On devrait pouvoir utiliser le mot pour toutes les forêts tropicales.

Jamie eut un sourire ironique. Isabel inventait des mots quand l'envie la prenait et il finissait par adopter les plus appropriés. Elle avait un jour baptisé « caoutchoucs » les petits coussinets de la plante des pieds de Charlie. Le bocal du basson, cet étrange tuyau incurvé qui contient l'anche, elle l'appelait *bahook*, mot parfaitement adapté à son usage, mais à utiliser judicieusement si on veut éviter une confusion avec le mot écossais *bahookies*, qui désigne les fesses, et frise la vulgarité, pour ne pas dire plus.

– En tout cas, c'est la selve chez les deux-trois ans, dit Jamie.

– Chez les… adultes aussi.

Elle avait failli dire « quadragénaires », mais s'était corrigée à temps.

– Pourquoi ?

Alors qu'elle allait rapporter sa conversation avec Minty, Charlie se mit à pleurer à l'arrière de la voiture et Jamie s'occupa de lui. Il fallut attendre le dîner pour partager avec lui les confidences inattendues du potager. Jamie l'écouta attentivement, en dégustant un vin de Nouvelle-Zélande. Elle avait commencé à expérimenter des vins nouveaux, et tous deux appréciaient celui-là.

Quand elle eut fini, il lui demanda si elle croyait Minty.

– Moi, j'ai des doutes, ajouta-t-il. Même si elle dit la vérité, ce qui semble peu probable, tu ne peux pas être sûre qu'elle ait tout raconté. Et puis, en quoi est-ce que ça te regarde ?

En posant la question, il connaissait déjà la réponse. Isabel, tel un papillon de nuit attiré par la lumière, allait se mêler d'une histoire qui ne la concernait pas : c'était dans sa nature de chercher à aider les gens.

– Je ne me suis engagée à rien, protesta Isabel devinant sa pensée. Mais c'était un véritable cri du cœur. Elle avait peur, c'était visible.

– Mais qu'est-ce qu'elle veut que tu fasses ? Elle a les moyens d'employer un agent de sécurité, ou quelque chose comme ça.

– C'était difficile pour elle d'en parler, dit Isabel. Elle aurait du mal à confier ça à un étranger.

– Isabel, soupira Jamie, tu as un cœur d'or, tout le monde le sait, et c'est pour ça que n'importe qui peut abuser de ta générosité. Minty est suffisamment intelligente pour deviner qu'elle peut t'exploiter.

– J'ai seulement dit que j'allais y penser. Je n'ai pris aucun engagement.

Jamie haussa les épaules.

– Quoi qu'il arrive, sois prudente, ne t'avance pas trop. Cette femme est dangereuse.

– Tu exagères ! s'écria Isabel. Ambitieuse et prétentieuse, soit, mais dangereuse, non.

– Son fils, lui, c'est un vrai danger public, répliqua Jamie en riant. J'ai peur qu'elle ne t'avale toute crue.

– Si je me fais dévorer, je serai sans doute recrachée bien vite.

Jamie ne comprit pas tout à fait ce qu'elle voulait dire par là, et d'ailleurs elle-même n'en était pas très sûre. Il vida son verre et se leva.

– Allons chanter quelque chose. Ou plutôt, je chante et tu m'accompagnes. Qu'est-ce qui te ferait envie ?

– « Adieu au Roi », répondit Isabel après un instant de réflexion.

– D'accord.

Elle lui avait demandé les paroles deux jours auparavant, devant la Scottish Gallery de Dundas Street. Pourquoi cette fixation sur les chansons jacobites ?

– J'ai vu un portrait de Charles Edward Stuart, expliqua Isabel, et ça m'a fait penser à cette chanson.

Elle s'installa au piano et Jamie commença à chanter. Quand il arriva au récit de la bataille de Prestonpans, elle hésita et dut s'arrêter.

À Prestonpans, ils ont fait leur camp.
Les braves des Highlands étaient prêts à se battre.
On leur a dit de voler comme le vent de Skye,
Et combien de beaux enfants ont perdu leur père !

– Pardonne-moi, je trouve ça difficile.

Évoquer ces orphelins lui faisait de la peine, elle qui savait combien Jamie adorait son rôle de père.

– D'accord, dit Jamie. Fais-moi une place.

Le tabouret de piano était assez large pour deux. Il plaqua un accord, puis un autre.

– C'est ça, dit-il.

– Quoi ?

Il joua à nouveau les accords.

– Le thème que je voulais composer : « Les olives sont parties ». Écoute.

Il joua une mélodie simple et plutôt triste, qu'elle trouva très belle.

Les olives sont parties
Les olives que j'aimais, envolées maintenant,
L'été en apportera d'autres, dis-tu,
Les arbres vont porter des fruits ;
C'est peut-être vrai, ô bien-aimée,
Mais les olives sont parties.

Isabel écouta religieusement jusqu'au bout, puis éclata de rire, imitée par Jamie. Elle lui posa un baiser sur la joue et il lui rendit son baiser, avec passion.

– Oh, dit-elle.

– Isabel Dalhousie, veux-tu m'épouser ?

Chapitre 6

Elle répondit oui une fois, deux fois, et plus rien ne fut comme avant. En même temps, rien n'avait vraiment changé. Le lendemain matin, quand elle se leva pour s'occuper de Charlie, elle retrouva son univers habituel : elle était toujours Isabel Dalhousie, avec un enfant, une maison et une revue à gérer, propriétaire d'un jardin un peu indiscipliné, avec massifs de rhododendrons et renard familier, conduisant une voiture suédoise verte, et pourvue d'une nièce lunatique et imprévisible. Elle était toujours membre bienfaiteur du Scottish Opera – il fallait d'ailleurs qu'elle envoie un chèque. Tout était à l'identique. Seulement, maintenant qu'elle était fiancée à Jamie, ce qui avait changé du tout au tout, c'était son avenir, c'est-à-dire cette part de soi où tout individu vit, plus ou moins pleinement, sa vie. Depuis que, sur le tabouret de piano, après avoir essayé sa nouvelle composition, Jamie l'avait demandée en mariage, cet avenir n'était plus un territoire inconnu et vague, mais avait acquis des contours précis.

Ce n'était d'ailleurs pas la première fois qu'il lui posait la question. Un jour, tandis qu'ils sortaient de la salle de ventes de Lyon & Turnbull et s'apprêtaient à déjeuner au restaurant de la Portrait Gallery, il lui avait demandé de l'épouser. Réticente, Isabel avait éludé la question, non qu'elle doutât de lui ou du sérieux de sa proposition, mais parce qu'elle désirait avant tout, et sans doute de façon exagérée, préserver la liberté de Jamie. Alors qu'aujourd'hui elle y pensait rarement, elle était à l'époque extrêmement sensible à leur différence d'âge. Quelle importance ? avaient dit ses proches. Ces deux mots, potentiellement dangereux, ont d'indéniables vertus libératrices. En l'occurrence, le charme avait opéré : quelle importance que Jamie soit un peu plus jeune qu'elle ?

Elle avait alors regretté de lui avoir dit non, espérant, en vain, qu'il en reparlerait. Une ou deux fois, elle avait failli aborder le sujet elle-même ; au dernier moment, une certaine gêne l'avait retenue. Les conventions veulent que ce soit l'homme qui fasse la demande, ce que rien ne justifie, hormis des pratiques sociales par ailleurs en pleine mutation. Elle avait lu que dans un tiers des cas, la demande de mariage est faite par les femmes. Elle croyait bien volontiers les conclusions de cette enquête, pourtant aucune femme de sa connaissance ne s'était jamais trouvée dans cette situation. Mais ce n'était pas significatif : il y a des choses dont on ne parle pas.

Dans une société totalitaire où l'on pratique l'intimidation intellectuelle, les gens n'avouent pas leurs pensées subversives. Or, ils en ont. Quand il s'agit de la désirabilité ou de la popularité d'un individu, la discrétion est de mise. Qui est prêt à reconnaître avoir trouvé son conjoint grâce à une petite annonce ? Chercher l'âme sœur sous la rubrique « Rencontres », à côté des « Voitures d'occasion » et autres « Affaires à saisir », ce n'est pas très romantique. Pire, c'est un aveu d'échec, la preuve qu'on fait partie des marginaux et des laissés-pour-compte : quand on est beau, séduisant, convoité, on n'a nul besoin des petites annonces.

Elle chassa très vite cette pensée. Au contraire, nombre de gens tout à fait présentables font appel aux services d'agences matrimoniales, ou passent une petite annonce eux-mêmes, souvent avec succès. Les femmes qui font une demande en mariage pourraient tout aussi facilement être dans la situation inverse. Il était urgent d'abandonner l'indéfendable monopole masculin dans ce domaine. Et pourtant, et pourtant.... En réalité, elle n'avait pas eu le courage de demander Jamie en mariage.

Peu importait, maintenant qu'elle pouvait dire « mon fiancé ». Ils allaient échanger des alliances, car elle avait bien l'intention de lui en offrir une elle aussi. Elle avait déjà repéré dans la vitrine d'une bijouterie de Bruntsfield un discret anneau d'or rose ; jamais elle n'aurait imaginé acheter ce genre d'objet. Ne voulant pas qu'il dépense trop, elle avait suggéré pour elle-même quelque chose de très modeste. Et naturellement, maintenant ils étaient fiancés, leur disparité de revenus cessait d'être un problème : ce qui était à elle serait aussi à lui. Jamie allait devenir riche.

D'autres sujets de réflexion, moins agréables, l'assaillaient. D'abord, comment mettre Cat au courant. La nièce d'Isabel avait accepté, à contrecœur, la liaison d'Isabel et de Jamie, son ancien petit ami. Mais l'une comme l'autre évitaient tacitement ce sujet quand elles se voyaient. Devait-elle parler à Cat tout de suite, ou risquer sa colère si celle-ci découvrait la nouvelle par hasard ? Par l'intermédiaire d'Eddie, par exemple, ou bien par un entrefilet dans le carnet mondain du *Scotsman*. Même si ce n'était pas la solution la plus courageuse, ce serait peut-être moins désagréable pour Cat ; Isabel était pratiquement certaine que sa nièce ne verrait pas cette union d'un bon œil.

Elle avait beau être prise de vertige et se sentir euphorique après les événements de la veille, elle avait néanmoins des choses à faire. Jamie avait laissé entendre qu'un petit-déjeuner au lit serait le bienvenu ; c'était la seconde fois en trois jours, mais elle avait dit oui.

– Tu ne comptes pas prendre ton petit-déjeuner au lit tous les jours quand nous serons mariés, j'espère ? Si ?

Elle était bien sûr prête à lui apporter son petit-déjeuner au lit tous les jours s'il le désirait. Pour lui, elle aurait fait n'importe quoi.

– Mais non, dit-il. C'est la dernière fois, je le jure.

Cela semblait si étrange de prononcer ces mots : « quand nous serons mariés ». Même si, en tant que spécialiste d'éthique amenée à trancher du bien et du mal dans des situations hypothétiques, elle avait l'habitude de parler du mariage des autres, c'était son propre avenir qui était à présent au cœur du sujet. « Mariés » : le mot avait quelque chose d'exotique, à l'instar de Dar es-Salaam, Tombouctou, Popocatépetl. Le mariage représentait un territoire vierge à explorer, une citoyenneté à découvrir, comme pour un néophyte qui découvre les rites et les croyances d'une nouvelle religion. Certes, elle avait déjà été mariée, mais cette union lui avait paru factice, comme d'une autre nature.

Quand elle monta le plateau du petit-déjeuner, elle trouva Charlie installé dans le lit avec son père, qui lui lisait la version écossaise de *L'Aventure de Monsieur Tod*, ou comment un renard rusé et sa famille mettent en déroute trois fermiers malintentionnés. Charlie était bien incapable de suivre, mais il écoutait religieusement.

– Je veux qu'il comprenne l'écossais, dit Jamie. C'est notre langue, après tout.

– D'accord, dit Isabel en souriant. Mais il faut peut-être qu'il comprenne l'anglais d'abord ?

Jamie, l'air peu convaincu, retourna au conte.

– Tod, ça veut dire « renard » en écossais, expliqua-t-il à Charlie. C'est pour ça qu'il s'appelle Monsieur Tod.

Charlie fixait son père gravement, sans comprendre.

– Alors, reprit Jamie en écossais, le petit renard demanda à son père : « Est-ce qu'il y aura des chiens ? »

Isabel sortit de la pièce, un sourire aux lèvres. *Est-ce qu'il y aura des chiens ?* Si les renards ont conscience de leur propre mortalité, c'est peut-être la question qu'ils se posent. *Est-ce qu'il y aura des chiens, ou est-ce que ce sera une mort douce ?*

Elle quitta la maison peu après dix heures et traversa le parc des Meadows en direction de la bibliothèque universitaire, une de ses promenades favorites, qui lui permettait d'admirer les toits de la vieille ville ; cette ligne en dents de scie, de cheminées et de flèches d'église, qui court du château jusqu'à Holyrood, avec en toile de fond le ciel de Fife où glissent des nuages chassés par la mer du Nord : lambeaux de gris, masses de violet foncé, taches blanches. À Édimbourg, on peut en l'espace de quelques minutes voir défiler les ciels des quatre saisons.

La bibliothèque de l'université occupe le côté sud d'une place largement détruite par le vandalisme des années soixante. La partie rescapée, délimitée par une rue pavée allant du sud au nord, arbore un alignement parfait de maisons de style géorgien à trois étages, occupées aujourd'hui par les bureaux et les aumôneries de l'université, quelques instituts de recherche et les éditions universitaires. Les anciens locaux du *Dictionnaire de vieil écossais* sont méconnaissables depuis qu'ils hébergent les icônes et la liturgie slavonne d'une chapelle orthodoxe.

Isabel se souvenait de ce lieu où s'élaborait une langue qui trouve des mots pour ce petit bout de terre, ce territoire fait de pluie, de nuages et d'éclairs de poésie. Partout dans la ville, où qu'elle se trouvât, Isabel butait sur des souvenirs. À l'âge de dix-huit ans, elle était venue ici même, à la Faculté des études écossaises, écouter un poète local lire ses textes, en gaélique et aussi en anglais. Heureusement, les organisateurs avaient fourni une traduction bien utile pour Isabel qui ne parlait pas le gaélique. Elle avait eu une impression de vent et vagues se brisant sur la grève, d'une langue qui épousait le paysage. Ensuite était venu un poème en anglais sur la mort de sa mère, dont le souffle, disait-il, s'était éteint comme la mer se retire d'un golfe ; il souffrait que cette étoile se soit éteinte. Ce devait être merveilleux d'avoir enfanté un poète.

Elle entra dans la bibliothèque. En tant qu'ancien membre de la faculté de philosophie – quand elle était débutante et mal payée –, Isabel était membre de droit. Pendant les vacances d'été, la salle, désertée par les étudiants et livrée aux seuls thésards et chercheurs, était remarquablement calme. Elle connaissait vaguement l'un des conservateurs, un jeune homme originaire de l'île de Skye, qui avait toujours l'air de s'excuser, comme si le service offert n'était pas à la hauteur. On l'imaginait tout à fait en train de dire : « Nous n'avons pas ce livre, mais je peux vous en proposer d'autres… » Mais aujourd'hui il était préoccupé par tout autre chose.

– Vous savez que le docteur Henderson est parti ? dit-il en passant rapidement près d'Isabel, visiblement très affairé. C'était un homme si bien.

Isabel n'avait pas la moindre idée de l'identité de ce docteur Henderson et murmura quelques mots de circonstance. « Quel dommage. » De fait, l'opinion de ce conservateur était sans doute justifiée. Il serait regretté, comme tous les gens bien. Mais parti où ?

– Où ? répéta le conservateur, fronçant les sourcils.

– Où est-il parti ?

Il la regarda d'un air désapprobateur : comment pouvait-elle ignorer la nouvelle ?

– Il est mort. Renversé par une voiture.

– Je suis désolée, murmura Isabel, interdite.

Il la considéra avec une certaine sévérité, s'excusa et poursuivit son chemin. Ce malentendu n'est pourtant pas de mon fait, se dit-elle. Quand quelqu'un se fait renverser par une voiture, on ne dit pas qu'il est « parti ». « Parti pour l'autre monde », soit, si on est croyant et amateur d'euphémismes un peu désuets, mais pas simplement « parti ».

Elle se rendit à l'espace dédié aux revues philosophiques, à l'étage. Il y avait peu de monde à ce niveau : elle ressentit l'impression étrange que l'on a en se retrouvant seul ou presque dans une pièce très vaste, sentiment encore accentué ici par les rangées de livres s'étendant à l'infini. Les livres ne sont pas muets, songea-t-elle en rêvassant, ils ont des choses à se dire tout bas. Dans cette salle, aucun mur ne vient étouffer leurs chuchotements.

Elle se mit à arpenter lentement un des passages entre les rayonnages. Il y avait tant de revues ! Encore ces étagères surchargées n'abritaient-elles que les périodiques édités sur papier. Derrière tout cela, quelque part dans l'éther, flottaient les exemplaires numériques, sans existence tangible. Dans ce monde virtuel, qui semble un théâtre d'ombres, les échanges d'opinion sont tout aussi vifs que dans les gros volumes qui se pressent sur les rayonnages. On y a le goût du risque : Isabel avait récemment découvert dans une bibliographie philosophique l'existence d'une revue intitulée *Études sur l'injustice*. Le titre l'avait intriguée, d'autant plus que le compilateur avait mentionné en dessous : « semble avoir disparu ». Elle croyait entendre le responsable de cette revue gémir : « C'est très injuste. Notre revue avait une importance fondamentale. »

Les revues classées autour d'elle ne risquaient pas un tel sort. *Actes de la société aristotélicienne*, *Revue américaine de philosophie*, *Philosophie de l'Antiquité* : ces titres n'étaient pas près de disparaître. Ils lui étaient si familiers, même si certaines revues qu'elles n'avaient jamais ouvertes semblaient le lui reprocher maintenant. Les volumes reliés de *Philosophie de l'Antiquité* avaient leurs fidèles : un lecteur avait d'ailleurs laissé un bout de papier pour signaler un article. Si elle ouvrait un de ces livres au hasard, elle comprendrait certes les débats, mais elle n'aurait jamais le temps d'y participer. Toute collection de cette ampleur, que ce soit dans une librairie ou une bibliothèque, a un côté intimidant : comment trouver le temps de tout lire, et par où commencer ?

Isabel poussa un soupir. À l'extrémité des rayonnages, une fenêtre donnait sur les arbres en contrebas. C'était une belle matinée, et le soleil nimbait le feuillage d'or. Elle se dit qu'elle aurait pu en profiter pour s'asseoir dans l'herbe, contempler le ciel et se chauffer au soleil, plutôt que de s'emmurer au milieu de ces voix mortes et de ce vieux papier pesant. Elle fut très tentée de ressortir : rien ne l'obligeait à rester, rien ne l'obligeait à éditer la revue, à grossir encore cette montagne d'arguments. À quoi bon ? Qu'est-ce que cela changeait ? Est-ce que cela faisait la moindre différence ? Les gens agissent selon leur bon vouloir, se comportent bien ou mal avec leurs proches, sous l'influence de leurs pulsions : aucun des petits débats qu'elle publiait dans la revue n'aurait d'impact sur leurs actions.

Elle se reprit. Mieux valait chasser ces pensées malsaines, ce doute paralysant qui peut de toute façon s'appliquer à toute entreprise humaine dépassant le simple fonctionnel, qu'il s'agisse de peinture, de musique, ou de théâtre. Qui peut nier que ces activités ont une influence, parfois majeure, sur la vie des gens ? Les conversations menées entre les pages de la revue avaient un impact sur les lecteurs. Au minimum, cela élargissait le champ de leur conscience morale, ce qui ne pouvait manquer d'avoir des effets sur leur façon de voir la vie, y compris dans les petites transactions du quotidien : savoir reconnaître la souffrance d'autrui, dire un mot de réconfort. Certes, ce n'est pas parce qu'on a analysé les vues de Hobbes l'égoïste, ou de Hume le généreux, qu'on agit avec bonté, mais cela ne fait pas de mal de connaître leurs théories. La philosophie sert précisément à présenter les choix fondamentaux qui sous-tendent ces questions de charité, de compréhension et de simple droiture d'esprit auxquelles on est confronté chaque jour. Elle fournit une armature, un environnement utile pour débattre de ces questions pratiques.

Cette réflexion lui remonta le moral. Tous ces livres, passifs, immobiles, rarement ouverts, formaient néanmoins le socle de cette construction intellectuelle qu'est une société civilisée et humaine. Sa propre revue, disponible dans cette bibliothèque, faisait partie de l'édifice. L'activité en valait la peine et tant pis pour le *farniente* : c'était le prix à payer. Elle se souvenait du poète déplorant que le labeur d'écriture herculéen de Walter Scott ait privé celui-ci de nombreuses heures d'amour. Isabel ne partageait pas entièrement cette analyse, dans la mesure où les heures d'amour ne laissent que peu de traces, sauf s'il s'agit d'amour pour l'humanité. Les heures que Walter Scott avait passées enchaîné à son bureau avaient engendré une œuvre considérable.

Ayant parcouru du regard les titres des revues, elle s'arrêta, sortit de sa poche le bout de papier où elle avait inscrit les références qu'elle cherchait : nom de la revue, année de parution, numéro de page. Et bien sûr le nom de l'auteur, « Christopher Dove ».

Elle se pencha. La publication en question se trouvait sur le rayon du bas, le plus poussiéreux. Elle fit glisser son doigt sur le dos des livres jusqu'à l'année qui l'intéressait, tira avec difficulté un volume serré entre deux congénères et alla s'installer à une table près de la fenêtre. Le contraste entre la pénombre des rayonnages et la lumière entrant par la grande baie vitrée l'obligea d'abord à fermer les yeux. Elle pouvait distinguer, par-delà les toits de Marchmont et le parc des Meadows, l'horizon lointain des contreforts des Pentlands. Elle avait fait cette ascension avec Jamie par une belle matinée de janvier. La neige couvrait les pentes jusqu'à la rive des torrents dans la vallée. Malgré la lumière éclatante et un ciel sans nuages, un vent coupant comme un couteau soufflait de l'ouest. Sur les sommets, la neige poudreuse s'envolait en minces rubans blancs, poussée par une bise sifflante, blanc sur bleu, comme de la fumée sortant du cratère d'un volcan. Aujourd'hui, les collines, vertes, bleues, douces, n'avaient plus rien d'hivernal.

Elle ouvrit le volume et trouva la page qu'elle cherchait : « Réflexions sur l'individualisme », de Christopher Dove, maître de conférences en philosophie, université de Durham. L'article avait été écrit avant que Dove n'obtienne un poste de professeur dans cette université londonienne flambant neuve, dont le nom, pour Isabel, évoquait davantage un arrêt d'autobus qu'un établissement d'excellence universitaire. Son manque de charité la choqua elle-même : malgré son obscurité, sa médiocrité et la présence d'enseignants aussi prétentieux que Dove, pourquoi cette université ne ferait-elle pas du bon travail, après tout ? Toute entreprise pédagogique est un bien en soi, peu importe le cadre ; il n'y a aucune raison que l'exclusivité en soit réservée aux institutions prestigieuses. On peut même avancer que l'éducation est un bien encore plus précieux si elle est dispensée dans une prison, une salle de classe en ruine, à la lumière d'une bougie. C'était mesquin de sa part de critiquer l'université à laquelle Dove appartenait. Lui seul méritait l'anathème. Et pourtant... Comment était-il possible qu'un établissement digne de ce nom ne voie pas clair dans le jeu de Dove ?

Elle se mit à lire l'article. L'individualiste, argumentait-il, profite des avantages de l'action collective sans contribuer en retour. Ce n'est pas nouveau, pensa Isabel. L'individualiste ne va pas voter, parce qu'il est irrationnel de dépenser de l'énergie à rechercher un bureau de vote quand il sait pertinemment que sa voix ne va rien changer au résultat final. Ridicule ! se dit Isabel, dont l'irritation croissait à chaque page. Dove affichait la couleur, faisant cause commune avec un petit groupe de philosophes qui avaient récemment défendu la thèse très douteuse de l'individualisme roi. C'était purement et simplement de l'égoïsme, incarné par ce culte hier tant vanté de l'intérêt personnel, qui avait attisé l'appât du gain et causé un désastre économique. Il n'est pas rationnel de ne s'occuper que de soi au détriment des autres, songeait Isabel, pour la simple raison que c'est ensemble que nous allons survivre ou mourir. Bien entendu, si Dove avait trouvé très intelligent de donner des coups d'épingle aux principes immémoriaux qui dictent le devoir civique, c'est parce qu'il y trouvait un avantage. Inutile d'aller voter quand on peut faire quelque chose de plus enrichissant personnellement. Croyait-il ce qu'il disait ?

Essayant de contenir sa colère, elle se mit au travail. Elle entreprit donc de lire toutes les notes de bas de page de l'article et de noter leurs références. Curieusement, il y avait un nombre considérable de publications sur le sujet, et Dove n'était pas du genre à dissimuler son érudition. Un article semblait avoir particulièrement retenu son attention : « Le Moi et la Communauté », publié dans une revue américaine dix ans auparavant. L'auteur, Herbert Ponder, était professeur de philosophie dans une université de Californie du Sud. *Ponder présente une défense magistrale de l'individualisme éclairé,* écrivait Dove. *En fait, il peut être considéré comme un passage obligé de l'argumentaire quand on veut critiquer l'engagement inutile dans l'action collective.* Ce n'est *pas* éclairé, pesta Isabel, c'est justement tout le contraire de ce que représente l'Âge des Lumières.

Une fois sa tâche achevée, Isabel retourna aux rayonnages. L'article du professeur Ponder avait été publié dans le bulletin trimestriel de la *Revue américaine de philosophie.* Elle repéra rapidement le volume concerné, le rapporta près de la fenêtre, et se plongea dans la lecture de l'article. Là aussi, il y avait des notes de bas de page, moins cependant que dans l'article de Dove : quatre en tout, dont une seule renvoyait à un autre article. À nouveau, elle nota la référence, cette fois-ci l'article d'un professeur de l'université de Toronto, dans la *Revue canadienne de philosophie*. Armée de cette information, elle retourna aux rayons, remit la revue américaine à sa place et trouva un peu plus loin le numéro de la *Revue Canadienne de Philosophie* consacré à un symposium autour de « Raison et Action ». Elle sortit le volume relié et, avant même de retourner s'asseoir, se plongea dans les comptes-rendus. Elle se figea soudain, car un passage lui avait sauté aux yeux. Aussi incroyable que cela paraisse, ce pari insensé qu'elle avait tenté, elle l'avait gagné. Qui sème le vent récolte ce qu'il a semé, pensa-t-elle en mélangeant les proverbes. *Dove, vous n'auriez pas dû agir ainsi, mais vous l'avez fait et vous voilà pris à votre propre piège.*

CHAPITRE 7

Il y avait urgence. Isabel avait repoussé ce problème comme on remet sans cesse une entrevue difficile, un aveu, des excuses, mais il fallait maintenant le prendre à bras le corps. Comment annoncer à Cat que Jamie et elle avaient décidé de se marier ? En règle générale, c'est la situation inverse qui prévaut : si le fiancé est potentiellement problématique, c'est la nièce qui redoute la réaction de la tante. Le cas présent était singulier, car il est rare que la tante épouse l'ancien petit ami de sa nièce.

Avant d'en parler à Cat, il fallait informer Grace. Sans raison précise, Isabel redoutait la réaction de la femme qui entretenait sa maison. Grace étant en congé le lendemain de la demande en mariage, Isabel avait mis à profit ce délai pour réfléchir à la façon d'aborder le sujet.

Quand Grace entra dans la cuisine le mardi matin, Isabel se lança.

– Grace, j'ai quelque chose à vous dire.

Grace accrocha l'imperméable léger qui ne la quittait pas de l'été, quel que soit le temps. Elle semblait ne pas avoir entendu.

– Ah, ce bus ! dit-elle.

– Quel bus ?

– Mon bus. Celui que j'ai attendu pendant vingt minutes ce matin. Vingt minutes !

Isabel poussa un soupir de commisération. Grace avait une opinion bien arrêtée sur les transports en commun, et ce qu'elle considérait comme leurs carences les plus flagrantes.

– En montant dans le bus, j'ai dit au conducteur : « Vous savez combien de temps j'ai attendu ? » Je n'ai pas crié, je n'ai même pas élevé la voix, j'ai été parfaitement polie. J'ai seulement dit : « Vous savez combien de temps j'ai attendu ? »

– Et alors ? dit Isabel en prenant un air intéressé.

Grace enfonça son écharpe dans la manche de son manteau. C'était une des rares personnes à porter une écharpe en été. Comme elle avait eu l'occasion de l'expliquer à Isabel, en Écosse, il faut être prêt à toute éventualité. À tout moment.

– Il y a des gens vraiment mal élevés, dit-elle.

Isabel ne répondit rien.

– Quand on vous parle poliment, ajouta Grace avec une indignation croissante, vous ne croyez pas qu'il faut répondre poliment ?

– C'est peut-être difficile de parler aux voyageurs tout en conduisant, dit Isabel diplomatiquement. Je suis sûre qu'il n'a pas été grossier délibérément.

Grace la fixa d'un regard furibond.

– Il m'a dit : « Veuillez adresser vos critiques, par écrit et en double exemplaire, au service compétent du Réseau régional de Lothian, dont le numéro figure dans l'annuaire. » Voilà mot pour mot ce qu'il a dit. Vous vous rendez compte ?

Isabel dut réprimer une forte envie de rire. Elle imaginait très bien la scène entre une Grace offusquée et un conducteur flegmatique, absorbé par les difficultés de circulation sur Grange Road alors qu'il se fait admonester par une passagère.

– Ridicule, dit-elle.

Le commentaire couvrait tous les aspects de la situation, mais Grace choisit de l'appliquer à la conduite du chauffeur. Elle hocha la tête, radoucie, puis demanda à Isabel de quoi elle voulait lui parler.

– Jamie et moi allons nous marier.

Grace fit un large sourire – réaction spontanée qui soulagea immédiatement Isabel.

– Pas trop tôt, dit-elle en s'avançant pour embrasser Isabel. C'est formidable, bravo !

Isabel était stupéfaite. Jamais Grace ne l'avait embrassée auparavant. Les anniversaires ne méritaient qu'une simple poignée de main. Et voilà qu'elle manifestait cet enthousiasme chaleureux.

– Je suis heureuse que ça vous fasse plaisir, murmura Isabel.

– Naturellement que je suis contente, dit Grace en se dégageant. Ça ne me plaisait pas de vous voir…

Elle s'interrompit et évita le regard d'Isabel.

– … vivre dans le péché.

Isabel en eut le souffle coupé.

– Pardonnez-moi, s'écria Grace. Je ne voulais pas dire ça, mais c'est ce que je sens.

– Qu'est-ce que vous voulez que je vous dise ? demanda Isabel avec un geste d'impuissance. Ça vous étonne que je sois choquée ? Vivre dans le péché... Ça veut dire quoi au juste ?

– C'est juste une expression, dit Grace, un peu troublée. C'est tout. C'est ce que les gens disent.

– « Disaient », lança Isabel sèchement, en proie à une colère grandissante. Il y a vingt, trente ans. C'est une expression horrible.

– Ce n'est pas ce que je voulais dire, protesta Grace avec véhémence. Ce n'est pas un péché, pas vraiment.

Isabel la regarda, incrédule. Elle passait beaucoup de choses à Grace, ses emportements, son attitude possessive vis-à-vis de Charlie, les critiques sous-entendues dans la plupart de ses remarques, mais là, elle passait les bornes.

– Mes relations avec Jamie ne sont peut-être pas conventionnelles, dit-elle, mais je suis sûre d'une chose : ça n'a aucun rapport de près ou de loin avec le péché.

– Non, bien sûr.

– Alors, qu'est-ce que vous vouliez dire ?

Grace baissa la tête et se mit soudain à pleurer. Elle essayait de parler, mais les sanglots étouffaient sa voix. Immédiatement, Isabel se sentit coupable. Elle n'aurait jamais dû réagir si violemment. Ce n'était qu'une expression à ne pas prendre au pied de la lettre.

– Je suis désolée, dit-elle en tendant la main pour toucher le bras de Grace. Je me suis emportée. Je vois ce que vous voulez dire.

– Ce que je veux, c'est que vous soyez heureuse, dit Grace, la tête toujours baissée. Vraiment. Je voulais qu'il vous épouse. Depuis le début j'espérais qu'il vous épouse, plutôt que de vivre…

– Ensemble, dit Isabel très vite, pour empêcher Grace de prononcer le mot « péché ».

– Oui. Et maintenant qu'il vous a demandée en mariage, je suis vraiment très contente.

Isabel essaya de la consoler. C'était difficile de tapoter les maigres épaules de Grace de façon rassurante, mais elle fit de son mieux. On sentait la saillie des os juste sous la peau, comme chez un vieux cheval.

– Vous comprenez, je suis très sensible à la différence d'âge entre Jamie et moi. C'est probablement pourquoi j'ai réagi comme ça. Je ne pensais pas vraiment ce que je disais.

Grace s'essuya la joue avec un petit mouchoir brodé d'un G raffiné à un coin. Elle s'attendrit soudain devant ce détail pourtant trivial. Nos biens les plus minuscules en disent long sur notre vulnérabilité.

– Il n'y a pas de raison, dit Grace, à notre époque.

– Oh ! je sais, répondit Isabel. Les gens n'arrêtent pas de dire qu'il n'y a pas de problème. Seulement, on arrive parfois à deviner à leur expression ce qu'ils pensent vraiment.

– Un air désapprobateur ?

– Tout à fait. Oh ! ça reste discret, mais visible. Les gens ne peuvent pas dissimuler leurs sentiments.

– Vous n'avez qu'à les ignorer. Ça ne les regarde pas.

– C'est bien ce que je fais. Mais malheureusement, eux considèrent que ça les regarde. Si nous aimons nous mêler des affaires des autres, c'est parce que nous sommes une espèce éminemment morale. Devant quelque chose que nous n'approuvons pas, nous éprouvons tout de suite une réaction négative, même quand nous ne sommes pas concernés directement. C'est peut-être une bonne chose, au fond.

Devant l'air perplexe de Grace, Isabel entreprit une démonstration.

– Si on réagissait au comportement des autres uniquement lorsqu'on est directement concerné, les criminels resteraient impunis. On n'interviendrait pas en cas de génocide dans un pays étranger. On n'aurait rien fait contre Hitler. Les tyrans pourraient régner sans partage.

– C'est ce qu'ils font déjà.

– Oui, je suppose que nous sommes très sélectifs dans notre indignation. Nous sommes prêts à nous attaquer aux tyrans les plus faibles et nous laissons tranquilles les plus forts. On n'a rien fait contre Staline.

– Personne ne voulait une guerre nucléaire.

– C'est vrai, convint Isabel. Ça montre que notre morale doit être réaliste, et prendre en compte la puissance de l'adversaire, et aussi nos limites en tant qu'êtres humains. On ne peut pas faire ça de son fauteuil.

Elle pensa à son propre cas. Son fauteuil de philosophe ne servait pas beaucoup : la dernière fois qu'elle s'était installée dedans, elle s'était endormie en regardant le journal télévisé.

Grace accepta avec joie de garder Charlie toute la matinée pendant qu'Isabel irait à Bruntsfield ; elle l'emmènerait le long du canal regarder les bateaux, puis chez une de ses amies qui habitait tout près et adorait les visites de Charlie. Ensuite, il ferait la sieste.

Une fois tout cela réglé, Isabel descendit Merchiston Crescent, vers la poste de Boroughmuirhead. Les rues étaient calmes. La mise en place d'un stationnement payant limité aux riverains dissuadait les étudiants de se garer dans le coin : les rues étaient dégagées, sauf quand un étudiant, en retard pour une conférence, décidait de mettre des pièces dans l'horodateur, ce qui montrait bien qu'on peut forcer les gens à être vertueux. Si nous ne voulons pas marcher, donc nous montrer responsable en matière d'environnement, ou mettre un casque, c'est-à-dire accepter les conséquences de nos actes, le pouvoir en place peut nous y forcer. Le problème est de concilier une telle règle avec la liberté individuelle. Isabel n'avait jamais beaucoup skié, mais les rares fois où elle s'était aventurée sur les pistes, elle avait aimé la sensation du vent dans ses cheveux. Impossible, si l'on devait dorénavant porter un casque pour faire du ski, comme certains le proposaient. Et puis où s'arrêterait ce zèle ? Même la marche comporte des dangers, il n'était qu'à voir ce qui était arrivé au malheureux docteur Henderson. Il existait sans doute des statistiques sur la probabilité de tomber et de se fracasser le crâne en parcourant à pied une courte distance, comme elle était en train de le faire.

Il était absurde d'imaginer le port du casque obligatoire pour les piétons. Mais pouvait-on réellement l'exclure ? Quand on interdit aux enfants les batailles de bonbons pendant les spectacles de variétés de Noël, quand on impose aux organisateurs d'un barbecue paroissial de se former à l'art de faire griller des saucisses sans causer d'accident, tout est possible. Nos libertés les plus banales sont rapidement grignotées par l'État-providence, mais il est difficile de s'y opposer sans paraître paranoïaque, ou ennemi des valeurs traditionnelles. Isabel réalisa tout à coup qu'elle-même, qui ne faisait rien pour résister, était une de ces individualistes dont parlait Christopher Dove.

Elle acheta des timbres et oublia ce conflit entre devoir du citoyen et libertés individuelles. En sortant, elle traversa la rue et se dirigea vers le magasin. Elle avait décidé d'annoncer la nouvelle à Cat et d'ignorer superbement toute réaction négative. La pire chose à faire avec des gens comme Cat, c'est de se laisser dominer par leur humeur capricieuse : il ne fallait pas qu'elle se laisse intimider par sa nièce. Si Cat se mettait à bouder, Isabel attendrait tout simplement qu'elle revînt à de meilleurs sentiments, ce qui n'avait jamais manqué jusqu'ici, même si c'était parfois un peu long.

Sur son chemin, elle passa devant la bijouterie, tenue par deux jeunes femmes, où elle avait vu une bague pour Jamie. Elle avait pensé s'y rendre avec lui pour faire prendre ses mesures. Mais, prise d'une impulsion soudaine, elle entra. Une des jeunes femmes était assise à sa table de travail au fond du magasin, observant avec une loupe un ornement compliqué. Elle leva tête et sourit à Isabel. Elles se connaissaient un peu ; Isabel lui apportait parfois quelques pièces qui lui venaient de sa mère. Elle avait fait renfiler un collier qui lui venait d'une grand-tante de Mobile. La bijoutière s'était récriée devant la qualité des perles et leur lustre. En les admirant, Isabel avait senti toute la signification de l'adjectif « iridescent » : aucun autre mot ne pouvait décrire leur couleur, leur éclat, leur texture.

– Vous m'apportez des perles ?

– Non, je viens pour une bague, une bague d'homme que j'ai vue dans la vitrine. En or.

La bijoutière rangea le collier qu'elle examinait et éteignit sa lampe de travail.

– En or rose ?

– Je crois. Une très belle couleur. C'est ça qui a attiré mon attention.

– Nous l'avons toujours, dit la jeune femme en se levant pour prendre un trousseau de clés. C'est moi qui l'ai faite. Je pensais qu'un passant serait tenté de l'acheter pour la porter en chevalière, mais elle n'a pas eu de succès. C'est peut-être qu'il n'y a pas assez d'hommes.

– C'est bien vrai, dit Isabel en riant.

Et dire que l'un de ces oiseaux rares, dont le nombre, d'après les démographes, allait en diminuant, l'avait demandée en mariage !

La bijoutière sortit la bague du présentoir et la tendit à Isabel : le bijou lui sembla lourd, ce qui était normal, et chaud. Isabel était certaine d'avoir trouvé la bague qu'elle cherchait.

– Vous pourriez la graver ? demanda-t-elle.

La bijoutière acquiesça d'un signe de tête, regardant Isabel avec intérêt, comme si elle avait deviné la solennité du moment.

– Bien sûr. Je le fais moi-même. Elle est assez large. C'est parfois un peu délicat quand les bagues sont très étroites, mais il n'y aura pas de problème avec celle-ci. Vous n'avez qu'à m'écrire le texte que vous voulez graver.

Elle tendait à Isabel un petite feuille de papier et un crayon. Isabel lui redonna la bague et prit la feuille, consciente soudain qu'elle n'en avait pas la moindre idée : les initiales de Jamie ? les siennes ? les deux ? une date ? Isabel, peu à l'aise dans le domaine de l'affectif et des gestes symboliques, hésita. Certaines personnes font ça très bien et n'éprouvent aucune fausse honte à faire graver des messages comme « Amour éternel », ou encore « Je t'aimerai toujours », à étaler leurs sentiments les plus intimes dans le journal à l'occasion de la Saint-Valentin, à insérer leur demande en mariage sur le panneau d'affichage pendant un match de football. Ce n'était pas vraiment son style. Pourquoi pas *Amor omnia vincit*, « L'amour triomphe de tout » ? Mais cela revenait à masquer le sentimentalisme sous une couche de latin. D'ailleurs, on n'est jamais sûr d'une telle chose, on prend peut-être ses désirs pour des réalités… Elle ne voulait pas d'une inscription qui fût sujette à caution.

Elle prit le stylo, écrivit quelques mots et rendit le papier à la bijoutière.

– « Isabel Dalhousie a donné cette bague », lut celle-ci en souriant. La formule est jolie. Je craignais que vous ne choisissiez « Amour éternel ».

– Impossible, répondit Isabel. Parce que ce n'est pas vrai. Rien n'est éternel.

– Si vous saviez ce qu'on demande parfois aux graveurs…

– Les gens ont des idées bizarres, reconnut Isabel, mais ils croient bien faire.

– Vraiment ?

La bijoutière semblait surprise.

– Mais oui. Tout le monde sait distinguer le bien du mal de façon innée, comprendre les besoins des autres, et agir en conséquence.

– Vous avez peut-être raison, dit la bijoutière en cherchant un écrin à la bonne taille. À propos, puis-je me permettre de vous féliciter ? Je suppose que vous destinez la bague à quelqu'un de spécial.

– Mon futur mari.

– Félicitations, dit la bijoutière en souriant. Je peux savoir qui c'est ?

Isabel regardait par la fenêtre : dans le petit groupe de piétons attendant le feu vert, il y avait Jamie.

– Eh bien justement, il est là, de l'autre côté de la rue.

La bijoutière la rejoignit près de la vitrine.

– Celui qui a un pull rouge ?

Isabel remarqua que c'était un homme plus âgé.

– Non, à côté.

La bijoutière resta silencieuse un instant, contemplant Jamie qui traversait la rue.

– Il est beau, dit-elle enfin.

– Merci, dit Isabel, c'est vrai. Est-ce que je peux vous rapporter la bague pour la gravure ? Je voudrais la lui donner tout de suite, puisqu'il est là.

– Bien sûr, assura la bijoutière en lui passant le bijou.

Isabel reviendrait plus tard payer, elle la connaissait, il n'y avait pas de problème.

– Je vous promets de ne pas regarder, ajouta la jeune femme.

– Oh, ça ne me gêne pas.

Elle sortit et se retrouva nez à nez Jamie dont le visage s'illumina.

– J'allais chez Hughes, dit-il.

Hughes, le poissonnier à l'ancienne installé à Holy Corner, carrefour qui doit son nom à la présence de trois églises.

– J'ai décidé de faire du poisson ce soir, déclara Jamie. J'ai trouvé une recette qui m'a fait envie. Ça te va ?

– J'adore le poisson, dit-elle. Et je t'adore, toi.

Il avait l'air étonné, mais manifestement content.

– Merci. Moi aussi, je t'aime.

Elle ouvrit la main dans laquelle elle serrait très fort la bague. Il suivit son geste des yeux, puis releva la tête, l'air tendrement interrogateur.

– C'est pour moi ?

– Oui.

Il prit la bague et la passa à son doigt.

– Elle te va ?

– Oui, un peu grande peut-être, mais ça va.

– Ils peuvent l'adapter à ta taille. Je l'ai achetée là.

Elle montrait la vitrine du bijoutier. Il lui sembla percevoir un léger mouvement à l'intérieur.

– Tu as été plus rapide que moi, dit-il. J'y allais justement. On le fait tout de suite ?

– C'est ouvert, acquiesça Isabel.

Il leva la main pour mieux admirer la bague.

– Merci. Merci, Isabel.

Il se baissa un peu pour l'embrasser. Derrière sa tête, au-dessus des toits de Bruntsfield, une mouette qui suivait le vent descendit en piqué et disparut derrière les cheminées.

Quand ils sortirent de la bijouterie, Jamie n'accepta aucune opposition.

– Je viens avec toi, dit-il.

– Tu crois que c'est une bonne idée ?

– Peut-être que oui, peut-être que non, répondit-il en haussant les épaules. Mais il faut lui dire la vérité en face, non ?

Elle réfléchissait. Tout en reconnaissant qu'il avait raison, elle n'était pas sûre d'être assez forte. Mieux valait percer l'abcès au plus vite. Si Cat se montrait durablement incapable d'accepter la relation de Jamie et Isabel, si elle persistait à jouer de façon aussi flagrante les empêcheurs de danser en rond, la rupture ne pourrait être évitée. C'était à Cat de décider.

Ils approchèrent du magasin en silence. Sur le pas de la porte, Jamie hésita une seconde.

– Tu ne peux pas savoir quelle différence ça fait d'être fiancé. Maintenant, le passé est vraiment le passé.

Isabel lui prit la main sans rien dire.

– Donc, ça ne me gêne pas du tout, poursuivit Jamie. Je vais la regarder dans les yeux. Il ne faut pas qu'on se laisse faire.

– Bravo, murmura Isabel.

– Cat fait partie de ces gens qui exercent un ascendant psychologique sur les autres, dit Jamie.

– Elle a des défauts, répondit Isabel en hochant la tête, mais je ne veux pas qu'elle soit malheureuse.

– Non, bien sûr. Allez, on y va.

Il y avait deux ou trois clients dans le magasin, apparemment très occupés à étudier l'emballage d'un paquet de pâtes. Quoi de plus simple que des pâtes ? songea Isabel. Certains, pourtant, avaient beaucoup de choses à redire sur la composition : le sodium, le potassium, les traces de métaux, les graisses et ainsi de suite.

Eddie, derrière le comptoir, les salua.

– Elle est par là, dit-il, en désignant le bureau.

Isabel passa la première et frappa à la porte.

– Cat ?

Elle entra. Cat était assise à son bureau, devant la brochure d'un fabricant de réfrigérateurs. Elle accueillit Isabel assez chaleureusement ; apercevant Jamie, elle le salua aussi, avec moins d'enthousiasme.

– Tu n'es pas trop occupée ? demanda Isabel.

– Pas vraiment, répondit Cat. Un des réfrigérateurs est en panne, et il va falloir que je le remplace.

– On ne peut pas le réparer ? demanda Jamie.

Cat lui lança un bref coup d'œil, comme s'il avait posé une question oiseuse.

– Financièrement, ça ne serait pas intéressant. Ça coûte si cher de les réparer qu'il vaut mieux en acheter un neuf.

Comme les hommes de ta vie, se dit Isabel, sans pouvoir s'en empêcher. Mais quand elle parla, son propos était bien différent.

– Je voulais que tu saches que…

– J'en prendrai certainement un rouge, la prochaine fois.

Un homme rouge ?

– J'ai dit quelque chose de drôle ? demanda Cat.

– Non, non. Je suis sûre qu'un réfrigérateur rouge, ce sera très bien. Je voulais juste t'annoncer que Jamie et moi allons nous marier.

Cat avait les yeux fixés sur le catalogue. Un silence s'installa. Isabel tourna la tête vers Jamie, inquiète. Il lui sourit et regarda Cat.

– Nous sommes très heureux, dit-il.

Cat réussit à se reprendre.

– Bien sûr, dit-elle d'une voix sans timbre. C'est formidable.

Manifestement, cela ne traduisait pas vraiment sa pensée.

– Quelle drôle de coïncidence, dit-elle enfin. Moi aussi, je vais me marier.

CHAPITRE 8

– Fiancée à un acrobate ! s'écria Jamie.

Isabel et Jamie rentraient à pied.

– Apparemment, dit Isabel. J'espère qu'il est... euh... bien.

– On verra ça ce soir, quand ils viendront prendre l'apéritif. Qu'est-ce que ça boit, un acrobate ?

– Pas grand-chose, j'espère. Il faut pouvoir marcher droit quand on est sur le fil.

Ils éclatèrent de rire, mais Isabel était néanmoins inquiète : Cat s'était fiancée plusieurs fois, mais jamais de façon aussi précipitée. Sans savoir depuis combien de temps Cat connaissait cet homme, elle se doutait que ce devait être très récent.

– Il s'appelle Bruno, dit-elle, pensive. Ça convient bien, tu ne trouves pas ? C'est un peu exotique. On n'imaginerait pas un funambule s'appeler Éric ou Jeff.

– Je suis sûr qu'il est très sympathique, dit Jamie en souriant.

– C'est vrai ? demanda Isabel en le regardant fixement.

– Que j'en suis sûr ? C'est vrai.

– Il n'y en a pas un pour rattraper l'autre ! s'écria Isabel en ajoutant mentalement : *à part toi*. Le videur de boîte de nuit, cet autre dont je ne me rappelle même pas le nom. Et puis Toby, le mythomane. Hélas, je n'ai pas autant confiance en Cat que toi.

– Mais tu as entendu, il est cascadeur, en fait, contra Jamie. Le fil, ce n'est qu'une de ses activités.

– Tout le monde doit se diversifier, observa Isabel doctement. Les funambules comme les autres. Ce qui m'inquiète, c'est que Cat ne nous a probablement pas dit toute la vérité.

– Cat ne ment pas, protesta Jamie, l'air choqué. Elle n'a pas un caractère facile, mais je suis sûr qu'elle ne ment pas.

Isabel se fit rassurante. Sans accuser Cat de mentir à proprement parler, elle croyait deviner que l'annonce de ses fiançailles avait légèrement précédé la réalité. Avait-elle envisagé de l'épouser ? Avait-il fait une proposition qu'elle n'avait pas encore acceptée ? Apprenant que Jamie et Isabel allaient se marier, Cat avait pu estimer qu'il était hors de question de laisser sa tante se marier avant elle. Il s'agissait peut-être de fiançailles défensives, plutôt que d'une décision mûrement réfléchie.

Jamie l'écouta, mais tout cela lui semblait peu plausible : Cat n'avait-elle pas suggéré de venir prendre l'apéritif avec Bruno ce soir même ?

– Elle sait très bien qu'on va en parler. Elle aurait du mal à tout mettre en scène d'ici ce soir.

– C'est juste que je ne suis pas tranquille.

Jamie l'assura qu'il comprenait ses sentiments.

– L'avenir le dira, dit-il. Ce qui compte, c'est qu'elle n'a pas eu l'air trop perturbée par notre annonce. C'est un soulagement.

– Laisse-lui le temps d'assimiler, répondit Isabel, prudente. N'oublie pas que Cat est imprévisible.

Elle était consciente de la contradiction : si quelqu'un est imprévisible, on ne peut rien prédire de toute façon.

– C'est le paradoxe du menteur, dit-elle.

Jamie, qui réfléchissait toujours au caractère imprévisible de Cat, avait l'air perplexe.

– Le philosophe grec Eubelides fait dire à un Crétois : « Tous les Crétois sont des menteurs. » Si c'est vrai, alors l'énoncé lui-même devient erroné. Tu me suis ?

– Si je dois épouser une philosophe, dit Jamie, déconcerté, il faudrait peut-être que j'envisage d'étudier la philosophie.

Elle ne trouvait pas nécessaire pour un couple d'avoir les mêmes centres d'intérêt. Elle en savait plus sur la philosophie que Jamie, qui lui-même en savait plus qu'elle sur l'histoire et la musique, et un tas d'autres sujets. Ils étaient pratiquement à égalité.

– Ce n'est pas la peine, dit-elle. De toute façon, tu n'as pas le temps. Et puis, rappelle-toi ce que disait Wittgenstein : une seule leçon de philosophie, c'est à peu près aussi utile qu'une seule leçon de piano.

– C'est totalement inutile ?

– En fait… répliqua Isabel en songeant tout haut, Wittgenstein connaissait bien le piano, son frère était un pianiste accompli, et manchot de surcroît. Plusieurs compositeurs ont écrit spécialement pour lui, mais il arrivait quand même à tout jouer. Tu ne trouves pas ça extraordinaire ?

Jamie, l'air pensif, se demandait comment adapter le basson pour manchot : avec des clés activées par les pieds, ou bien des leviers qu'on pousse avec le genou ? Non, impossible.

– Tu as l'air abattu, dit Isabel. C'est l'idée du basson pour manchot qui te fait cet effet-là ?

– Exactement, répondit Jamie avec l'expression qu'il prenait quand il sentait qu'elle lisait dans ses pensées.

– Peut-être qu'on y arrivera, dit-elle. Sais-tu que Charles Darwin a mentionné le basson dans ses travaux ? Il était fasciné par les vers de terre, qui sont indifférents aux cris et à la fumée du tabac, et qui n'entendent pas le basson.

Jamie sourit, se promettant de ne pas oublier cette référence, qui intéresserait sûrement un de ses élèves, un garçonnet particulièrement crasseux. Il voulait pourtant revenir au funambule de Cat et, comme souvent, Isabel l'entraînait dans une direction diamétralement opposée.

– Quel est le rapport entre le paradoxe du menteur et l'acrobate de Cat ?

– Ça n'a rien à voir avec lui, mais plutôt avec elle. La seule chose qu'on peut prévoir, c'est que Cat est imprévisible. Mais si c'est vrai, alors elle n'est pas imprévisible.

– Ah.

– Tu n'as pas à te lancer dans la philosophie, dit Isabel en le prenant par le bras. Je peux être philosophe pour deux.

– Et moi, je peux faire de la musique pour deux.

– Exactement.

Ils continuèrent leur chemin en silence, satisfaits l'un de l'autre, conscients du caractère unique, mystérieux, presque sacré de ce moment, comme d'un certain nombre d'autres qu'ils avaient vécus depuis leurs fiançailles. Jamie, son environnement quotidien et banal métamorphosé par le sentiment excitant que tout était désormais possible, avait l'impression de voir le monde différemment, avec les yeux de l'amour. Ce serait le premier vers d'une chanson qui commençait à se former sur Merchiston Crescent, à mi-chemin de la maison.

Avec les yeux de l'amour
Je vois ton visage ;
Avec les yeux de l'amour
Je dessine
Les contours…

Non, ça ne marchait pas. Il marmonna les paroles tout bas. Isabel écoutait attentivement : elle adorait ces improvisations dont l'inspiration semblait venir si facilement à Jamie.

Avec les yeux de l'amour
Avec les oreilles de l'amour
Je vois et je retiens
Ce monde merveilleux
Que mon aimée voit, qu'elle entend

– C'est très beau, dit Isabel. Et la mélodie ?

Il la fredonna d'abord sans paroles puis la chanta à mi-voix. Alors qu'ils s'engageaient dans leur rue, ils aperçurent une voisine qui promenait son chien, un lévrier tacheté. Isabel vit celui-ci dresser subitement la tête et flairer l'air, son ouïe exercée ayant capté la chanson.

– Ça demande encore un peu de travail, dit Jamie en s'interrompant. Le problème avec les chansons, c'est de trouver quelqu'un pour les chanter.

– Toi et moi, dit Isabel. Et Charlie quand il sera plus grand. Il va adorer la chanson sur les olives.

– D'ici-là, il aura oublié les olives. Il voudra des chansons sur les trains, ou les ours.

– Eh bien, tu en écriras.

– Il aime la musique, constata Jamie avec un sourire. Je lui ai chanté « Danse pour Papa » l'autre soir et il était ravi. Il faut que je lui chante « Le Train de Glasgow », si j'arrive à trouver les paroles. Ça parle d'un petit garçon qui a la chance de prendre le train pour Glasgow.

– Les enfants aiment les histoires simples, dit Isabel.

– Et pas nous ?

Tentée de répondre par la négative, elle se demanda si c'était vrai. Une histoire simple, où le bien triomphe du cynisme et du désespoir, voilà peut-être ce que recherchent la plupart des gens. C'était son cas, mais elle savait qu'il n'était pas de mise de le dire trop haut, surtout dans les milieux intellectuels, qui préfèrent la complexité, le dysfonctionnel et l'ironie. Pas de place pour la joie, la célébration ou la sensibilité, jugés banals.

– Si, certainement, répondit-elle. Ce que nous voulons, c'est un aboutissement, un dénouement prouvant que nous vivons dans un monde juste. De tout temps, c'est ce que l'homme a recherché. Philippa Foot dirait que nous voulons l'épanouissement.

– Une de tes philosophes ?

– En effet, le professeur Philippa Foot. C'est l'auteur d'un livre intitulé *La Bonté naturelle*. Je te le prêterais bien, mais je viens de m'engager à ne pas te submerger de philosophie.

– Elle me plaît, cette dame, dit Jamie. Est-ce qu'elle est naturellement bonne ?

– J'en suis sûre, répondit Isabel. En fait, même pour les gens qui sont naturellement bons, ça demande des efforts. La bonté est peut-être innée, mais il faut la cultiver, l'amener au jour. Elle est la petite-fille d'un président américain, Grover Cleveland. C'est rarissime qu'un philosophe d'Oxford ait pour aïeul un tel personnage.

– Si on n'est pas naturellement bon, dit Jamie, perdu dans ses pensées, si on a, disons, une inclination vers le mal, peut-on changer ? Ou est-ce que ça reste superficiel ?

– Je crois que oui, dit Isabel alors qu'ils arrivaient chez elle. Je crois qu'on peut changer sa nature. Ça dépend de quel type de défaut tu parles.

– Si on n'a qu'un seul défaut ? demanda Jamie.

– Ce serait une liste vraiment courte. Tu n'as qu'un seul défaut ? La plupart des gens en ont davantage. Moi, par exemple…

Elle fronçait les sourcils. Jamie l'interrompit.

– Tu n'as aucun défaut.

– Oh mais si ! protesta Isabel, qui se demandait s'il était sincère.

– C'est à réfléchir à ce genre de question que tu passes ton temps ? demanda Jamie en souriant.

– Je suis une philosophe de l'éthique.

– Quels sont les défauts les plus problématiques ? persista Jamie.

– Les addictions, répondit-elle, et tout ce qui n'est pas nécessairement de la faute des gens.

– La boisson ? L'alcoolisme ? demanda Jamie en s'arrêtant dans l'allée.

– C'est ça. Je ne crois pas que les gens décident de devenir alcooliques, ou toxicomanes d'ailleurs. Et si ce n'est pas eux qui décident, alors ça ne peut pas être de leur faute. Nous ne sommes responsables que des actions que nous commettons librement. Tout le reste, nous le subissons.

– Mais pour commencer, on peut faire preuve de plus de discipline, non ? protesta Jamie.

– Oui, mais si on n'a pas la capacité de se contrôler ? Si on est faible ? On ne choisit pas sa personnalité, tu sais.

– Tu crois ?

Ils reprirent leur route. Jamie chercha sa clé dans sa poche.

– Mais si on sait qu'on doit travailler certaines choses ? Je pense aux musiciens : on ne naît pas avec la faculté de jouer du piano.

– C'est ce que je dis. Pour devenir meilleur, il faut s'exercer, dit Isabel.

Jamie avait certaines aptitudes pour la philosophie, mais Isabel n'était pas sûre que ce soit une bonne chose. Les unions les plus solides sont celles où chacun a son domaine réservé, un endroit où se retirer mentalement. Elle n'avait pas forcément envie de discuter de questions philosophiques avec Jamie, dont ce n'était pas le terrain. Lui vivait dans un monde de musique et de beauté où Isabel n'était que de passage, même si elle y entrait facilement. On ne vit vraiment que là où l'on est à sa place. Elle ne se sentait pas capable de le lui expliquer, de crainte de paraître, à tort, condescendante, ou pire, désobligeante, ce qui était encore moins son intention. À une époque, un homme aurait dit : « Une jolie femme comme vous ne devrait pas s'occuper de tout ça… » La femme, prise au piège, aurait supporté sans protester cette arrogance insupportable.

Ils entendirent un petit cri à l'intérieur de la maison. Grace avait dû revenir plus tôt que prévu de sa promenade le long du canal. Dans le vestibule, hissé dans les bras de la gouvernante, Charlie les avait aperçus par la fente de la boîte à lettres pendant que Jamie cherchait sa clé. Isabel se pencha et planta son regard dans les yeux brillants qui l'observaient, tout heureux de son retour, débordant de joie. Elle avait lu quelque part qu'un chien croit son propriétaire parti à jamais chaque fois que celui-ci quitte la maison, et se demanda si c'était la même chose pour les enfants. Chaque séparation leur semblerait alors le début d'une vie solitaire ; chaque retour, des retrouvailles avec ceux qu'on croyait disparus pour toujours. Et si c'était l'inverse ? S'ils pensaient, en fait, que nous sommes toujours avec eux, que nous ne les quitterons jamais, et que nos absences occasionnelles ne sont qu'une brève rupture dans l'attention que nous leur portons – un peu comme à l'hôtel, quand le service de chambre est momentanément indisponible ?

Avant que Cat arrive avec Bruno pour prendre l'apéritif, il y eut deux coups de téléphone, dont l'un seulement était le bienvenu. Guy Peploe appela Isabel juste après le déjeuner et lâcha cette simple phrase : « On l'a eu. »

– Qu'est-ce qu'on a eu ? demanda Isabel, encore absorbée par les problèmes de gestion de la revue.

– Charles Edward Stuart.

Elle avait oublié que c'était le jour de la vente aux enchères.

– Ah, très bien. C'est une bonne nouvelle.

– Oui, et ce n'est pas tout.

– Ah bon ?

– On a fait une affaire. Une seule autre personne dans la salle était intéressée. Et il y avait un second enchérisseur par téléphone, en plus de nous. Mais ce n'est pas pour ça que je suis tout excité.

Isabel prit le catalogue sur son bureau et trouva tout de suite la page qui avait été marquée. Charles Edward Stuart, Bonnie Prince Charlie, dernier espoir de la dynastie : un visage séduisant, mais qui trahissait la faiblesse. Comment expliquer que les rudes gaillards des Highlands aient pu suivre un prétendant aux airs de dandy ? Elle demanda à Guy ce que le tableau avait de spécial.

– Vous avez lu le livre de Nicholson sur l'iconographie de Charles Edward Stuart ?

Isabel savait qu'il se trouvait quelque part dans sa bibliothèque.

– Allez voir le portrait de Charles par Toqué, dit Guy. Celui qui a été perdu.

– Perdu ? demanda Isabel, perplexe.

– Oui. Mais quelqu'un en avait fait une copie, et cette gravure est la seule trace que nous ayons du portrait.

– Ah bon ?

– Jetez-y un coup d'œil et dites-moi ce que vous en pensez.

– Maintenant ? Il va me falloir un peu de temps pour retrouver le Nicholson.

Les rayonnages de sa bibliothèque étaient surchargés. Elle s'imagina en train de crier « Professeur Nicholson ! Professeur Nicholson ! », une voix lointaine lui répondant, perdue au plus profond des piles enchevêtrées.

– Pas maintenant, mais bientôt, d'accord ? Jetez-y un coup d'œil. Il y a une reproduction de cette gravure dans le livre.

– Et ?

– Elle ressemble trait pour trait à notre tableau, dit Guy. Celui qu'on vient d'acquérir.

Il fallut à Isabel un moment pour assimiler la nouvelle et ses implications. Elle avait acheté cette œuvre dans le but de l'accrocher dans une chambre d'amis où figurait déjà un tableau de Marie Stuart, qui avait appartenu à sa mère. Isabel avait toujours connu cette toile à cette même place – l'une des préférées de sa « sainte américaine de mère », qui n'avait rien d'une sainte au sens conventionnel du terme. Isabel avait récemment découvert qu'elle avait eu une liaison adultère, mais cela ne changeait rien à son jugement. Comme pour tout le monde, sa mère incarnait l'amour. Un tel amour est parfois dangereux : il peut étouffer les garçons, incapables de s'en échapper. Elle-même n'avait jamais ressenti cela. Elle ne savait pas grand-chose de la mère de Jamie ; il n'en parlait que rarement. Quant à son père, il était mort quand Jamie avait treize ans, noyé dans un loch au cours d'une partie de pêche. Sa mère s'était remariée à l'époque où Jamie étudiait la musique à l'université, puis était partie vivre à Copenhague avec son second mari, un chirurgien danois.

Jamie lui avait dit qu'ils avaient l'intention de venir voir Charlie, mais cela ne s'était jamais fait, ce qui choquait secrètement Isabel. Elle-même se sentait blessée, imaginant une certaine hostilité à son égard : comment expliquer autrement qu'ils ne soient jamais venus voir leur seul petit-fils ? Si c'était là leur état d'esprit, elle n'allait pas les forcer. Ils feraient la connaissance de Charlie à l'occasion du mariage, si toutefois il y avait une cérémonie formelle. Elle se rendit compte qu'ils n'avaient jamais soulevé cette question ; pire encore, elle n'y avait même jamais songé. Comme Jamie sans doute, elle préférait quelque chose de discret, une cérémonie à l'église épiscopale Saint-Mary, avec un chœur et son ami Peter Backhouse jouant à l'orgue un hymne d'Hubert Parry. Elle sourit. L'autre possibilité, c'était le bureau d'état-civil de Victoria Street, où la musique, même enregistrée, n'était à coup sûr pas prévue. Pas plus qu'au crématorium de Warriston, autre institution destinée *in fine* à changer le statut des usagers : il s'agissait de lieux fonctionnels dirigés par des bureaucrates pleins de bonnes intentions, visant à faciliter la vie des citoyens, et où l'on ne perd pas de temps avec le superflu. De la part de Jamie, un tel choix aurait de quoi l'étonner.

La voix de Guy lui parvint de l'autre bout de la ligne.

– Isabel ? Vous êtes toujours là ?

– Oui, je réfléchissais.

– Au sujet de Toqué ?

– Et d'autres choses aussi, répondit Isabel en levant les yeux au plafond.

Guy conclut la conversation en promettant de faire des recherches. En attendant, il valait mieux rester prudente et ne pas trop y croire. Dans le monde de l'art, les déconvenues sont légion, beaucoup de tableaux n'étant pas ce que leurs propriétaires voudraient qu'ils soient.

– Je pense que ce qui est indiqué dans le catalogue est exact et qu'il s'agit de l'entourage de Dupra, et non pas de celui de Toqué. Mais je vais quand même enquêter, au cas où...

Isabel se demanda à partir de quel degré d'éminence on créditait un peintre d'un « entourage ». Elle-même n'avait pas d'entourage, juste Jamie, Charlie, Grace, et Maître Renard bien sûr. Ou bien c'était l'inverse : *Entourage de Maître Renard, Écosse, début du vingt et unième siècle.*

– Je suis naturellement prudente, assura Isabel avant que Guy raccroche.

Mais en prononçant ces mots, elle se prit à douter. Quand bien même ce serait vrai, fallait-il s'en féliciter, ou le regretter ? Est-ce qu'une prudence naturelle caractérise ceux qui ont fait quelque chose de leur vie, ou est-ce l'apanage de ceux qui mènent une vie étriquée et convenue jusqu'au tombeau ? L'idée la déprima. Loin de désirer cette prudence naturelle, elle voulait au contraire jeter son bonnet par-dessus les moulins. Mais dans quel but ?

Grace apparut à la porte, un chiffon à la main, ce qui était inhabituel ; elle détestait faire la poussière.

– On n'a presque plus de liquide pour le lave-vaisselle, dit-elle. J'ai peur d'être à court. Vous pourriez en acheter ?

– Il faut prendre le risque, déclara Isabel.

Après tout, il fallait bien commencer quelque part.

– Prendre le risque ? répéta Grace, éberluée.

Isabel haussa les épaules.

– Je me disais que… commença-t-elle avant de s'interrompre. Enfin, bref, je vais en acheter. On ne peut pas prendre le risque d'être à court.

– Non, dit Grace.

Elle regarda Isabel bizarrement, puis quitta la pièce. Voilà où est le problème, se dit Isabel. Je mène une vie où l'on ne jette pas son bonnet par-dessus les moulins : de toute façon, les vents qui soufflent à Édimbourg me le renverraient immédiatement à la figure. Ainsi va le monde.

Le second coup de téléphone, moins agréable, survint une heure où deux après celui de Guy Peploe. C'était Minty Auchterlonie, ou plutôt son assistante qui, assez froidement, s'enquit de savoir si Isabel pouvait prendre un appel de sa patronne. Un instant plus tard, Minty elle-même était au bout du fil. Pendant cette courte pause, Isabel put entendre des bribes de conversation, et une voix d'homme s'exclamer : « Ils n'ont pas fait d'audit ? » La phrase l'intrigua : encore une manifestation de prudence naturelle, en quelque sorte…

– Je suis désolée de vous déranger, dit Minty d'une voix où perçait l'inquiétude. J'ai absolument besoin de vous parler. Personne ne nous entend ?

Isabel la rassura. Minty imaginait-elle que son bureau était cerné par des individus hostiles et malveillants, avides de glaner quelque scandale compromettant ?

– Bien, dit Minty. Malheureusement, j'ai eu un nouvel appel de Jock, le père de Roderick. Il insiste pour que je le lui amène demain. Il m'a donné rendez-vous au jardin botanique.

– Pourquoi là-bas ?

– Dieu seul le sait. Pour pouvoir jouer avec lui, je suppose.

Isabel attendit la suite.

– Et il se trouve que je dois passer quelques jours à Skye avec mon mari qui emmène des clients américains à Kinloch Lodge. C'est important. Impossible de dire à Gordon que je ne peux pas y aller. Qu'est-ce que je donnerais comme raison ? Que je vais rencontrer un ex-amant ?

– C'est un peu compliqué, dit Isabel.

– Plus que ça.

– Je ne sais vraiment pas quoi vous dire, déclara Isabel en s'éclaircissant la gorge.

Voilà ce qui se passe quand on est infidèle... pensa-t-elle.

– Et je ne fais pas confiance à Jock.

– Non ? demanda Isabel, feignant par politesse d'être intéressée.

– Il peut être imprévisible. J'ai toujours peur qu'il ne téléphone ici.

– C'est toujours à craindre, évidemment, dit Isabel en haussant les épaules.

– S'il tombait sur Gordon, il pourrait en dire trop.

Encore une fois, Isabel fut tentée de souligner que c'était le risque le plus évident d'une liaison clandestine.

– Vous pourriez y aller pour moi ? demanda Minty, très sérieusement.

– Moi ?

– Oui, vous. Ça m'ennuie de vous demander ça, mais je suis au pied du mur. Je vous supplie d'aller lui parler. Dites-lui que je ne peux pas le voir. Proposez-lui de l'argent.

Isabel avait du mal à en croire ses oreilles. Payer un tribut, comme les Anglo-Saxons offrant de l'or aux Vikings pour éviter les pillages ? Seulement, ce tribut, les Vikings y avaient pris goût.

– Cinquante mille livres, poursuivit Minty. Dites-lui que s'il renonce à tous ses droits sur Roderick, je lui donnerai cinquante mille livres. Soixante, vous pouvez aller jusqu'à soixante.

– Non, je suis désolée, je ne crois pas que...

– Juste ça, interrompit Minty, c'est tout ce que je vous demande. Rencontrez-le. Empêchez-le de faire une bêtise.

Isabel resta silencieuse un instant. Elle avait beau se méfier de Minty, on ne pouvait s'y méprendre, ses mots trahissaient une réelle angoisse, sa voix était celle d'une femme traquée. Ce constat fait, Isabel ne pouvait pas refuser. C'était un appel à l'aide auquel on n'avait pas le droit – ou à tout le moins, *elle* n'avait pas le droit – de rester indifférent.

– D'accord, j'irai, dit-elle enfin. Mais je ne sais pas ce que je vais pouvoir faire. Il vaudrait mieux que ce soit vous qui essayiez de le raisonner, d'arriver à un compromis.

– Je ne peux pas, répliqua Minty. J'ai peur de lui.

Minty n'était pas du genre à se laisser impressionner, mais Isabel n'eut pas le courage de le lui dire.

– Je suis incapable de l'affronter, continua Minty. Vous pensez que je suis lâche ?

– Non, non, assura Isabel. Seulement, vous êtes dans une situation délicate.

– Je ne peux pas, répéta Minty, j'ai trop peur de ne pas pouvoir me contrôler. J'ai des envies de meurtre, je vous assure.

– C'est normal que vous soyez en colère et que vous ayez peur, assura Isabel pour la calmer. C'est compréhensible.

– En colère, surtout.

– J'entends bien, dit Isabel, mais de là à offrir de l'argent... Il ne faut pas parler argent tout de suite. Il vaut mieux que j'essaye de lui faire entendre raison. Je vais lui parler de ses agissements. On arrive parfois à dissuader les gens en les mettant en face de leurs actes, en leur faisant honte. La honte, c'est très puissant, vous savez.

Minty restait silencieuse. Était-elle vraiment persuadée de l'action cathartique de la honte ? Oui, bien sûr, et Isabel lui faisait injure en en doutant. Contrairement à ce qu'elle avait cru un temps, Minty n'était pas psychopathe. Elle ne pouvait manquer d'être accessible à la honte, à la culpabilité, à toutes ces émotions qui sont le tissu affectif de la vie des gens normaux.

– Partez à Skye, dit Isabel, j'irai au jardin botanique.

Elle réalisa qu'à l'autre bout de la ligne, Minty sanglotait.

– Vous êtes vraiment bonne. Je ne peux pas croire que vous acceptiez de faire ça pour moi. On se connaît à peine, et vous êtes prête à...

– Je suis très heureuse de vous rendre service, dit Isabel.

En disant cela, elle mentait. En réalité, elle en voulait à Minty d'avoir instinctivement compris qu'elle l'aiderait, alors que cette femme n'avait aucun droit sur son temps ni sa compassion. En dépit de ce ressentiment, Isabel savait qu'elle n'avait pas le choix, et Minty ne l'ignorait pas. Si Isabel n'avait pas étudié la philosophie, si elle ne s'était jamais mesurée aux implications du devoir moral qu'on a envers autrui, rien n'aurait pu la contraindre à agir. Mais en l'occurrence, elle ne pouvait désapprendre ce qu'elle avait appris à Cambridge et Georgetown ; elle ne pouvait pas oublier qu'elle était citoyenne d'Édimbourg, patrie de David Hume. Elle avait l'obligation d'agir à cause du concept de contiguïté cher à celui-ci, et tout simplement, en tant qu'être humain.

Elles discutèrent des détails. Minty donna quelques précisions sur Jock – où le rencontrer, comment le reconnaître –, puis la mit en garde.

– Mieux vaut ne pas m'appeler, dit-elle. Gordon pourrait se poser des questions.

Isabel y consentit avec réticence. Elle n'aimait pas le subterfuge sous quelque forme que ce soit, et n'avait pas envie de prendre des airs de conspirateur pour contacter Minty. Elle n'était pas sa complice : elle l'aidait par charité, c'était tout. Il y a des moments, dans la vie, où une femme doit monter au créneau, et tant pis si la bataille est mal choisie.

CHAPITRE 9

Isabel avait décrété que la dernière chose à faire quand on rencontre un funambule, c'est de parler de son activité. Cet exemple de tact n'est pas à réserver aux seuls funambules : il est de nombreuses situations où l'on s'abstient de parler aux gens de ce qu'ils font dans la vie. On ne demande pas à un juge quel effet ça lui fait d'envoyer quelqu'un en prison, à un pilote s'il a déjà frôlé l'accident, à un cuisinier un peu corpulent s'il a du mal à ne pas goûter ses créations – autant de sujets sensibles. Il en va de même des funambules. Isabel supposait qu'ils étaient conscients de l'absurdité intrinsèque de leur profession.

– Il en est peut-être fier, objecta Jamie. Si ça se trouve, il a très envie d'en parler.

Même si c'était le cas, Isabel devinait que Cat serait moins expansive. « Il travaille dans le spectacle », avait dit sa nièce, expression dont le flou était révélateur.

– On n'en parle pas, répéta Isabel. S'il aborde lui-même le sujet, c'est différent. Sinon, pas un mot.

Elle avait cru devoir ajouter que c'était très bien d'être funambule, que ces derniers étaient utiles à la société.

– Tu es sérieuse ? demanda Jamie, étonné.

– Pas vraiment, répondit Isabel en haussant les épaules. Simplement, il faut respecter la dignité du travail.

– Tu appelles ça du travail ?

– Je ne sais pas. En tout cas, on n'en parle pas, sauf si c'est Cat qui commence.

Jamie hocha la tête, mais il avait des réserves.

– Moi, ça m'intéresse. Je voudrais savoir comment il s'entraîne, la hauteur de corde la plus élevée qu'il ait jamais tentée. Tu crois qu'il est capable de traverser les chutes du Niagara ?

– Personne ne fait plus ça, dit Isabel. Les chutes d'eau sont réglementées, de nos jours.

Jamie éclata de rire.

– C'est très drôle !

– Ou très triste, dit Isabel, soudain songeuse.

Elle avait lu autrefois un compte-rendu de la visite du futur Pie XII, alors envoyé du pape, aux chutes du Niagara. On l'avait emmené au bord de l'eau et il avait contemplé le fleuve. Puis, pressentant sans doute que la foule attendait quelque chose de lui, il avait béni les chutes. Elle avait trouvé la chose très curieuse. Quelle est l'utilité de bénir un phénomène naturel ? Suffit-il de bénir ces chutes pour les rendre inoffensives ? Les visiteurs éprouveraient-ils plus de plaisir en étant rassurés sur leur innocuité ? Son irrévérence fit place à des pensées plus graves. Les êtres humains ont besoin de lieux sacrés, comme par exemple le Gange, ou le Brahmapoutre, et d'autres encore, qu'Isabel ignorait. *Des milliers d'hommes vivent sans amour, mais aucun ne peut survivre sans eau.* Encore une fois, Auden lui revenait en mémoire au moment où elle s'y attendait le moins.

Quand Cat sonna à la porte, Isabel était dans le salon avec Charlie. Elle lui lisait, dans un vieux livre avachi, les poèmes qu'A. A. Milne a consacrés au petit Christopher Robin. Certes, le poème sur la relève de la garde au palais de Buckingham ne constitue pas une nourriture très spirituelle, encore moins un défi métaphysique à l'égal des vers les plus obscurs d'Andrew Marvell ou de John Donne. Mais Milne avait l'avantage sur eux de s'exprimer dans une métrique au rythme simple – papa papa papa papa – que Charlie appréciait. Que quelques détails lui échappent n'avait donc aucune importance. Quand Isabel lui lisait « Hiawatha », Charlie n'avait pas non plus une idée très claire de ce qu'était un wigwam. Ce qui comptait, et ce qu'il aimait par-dessus tout, c'était la métrique incroyablement répétitive de Longfellow : immanquablement, au bout de cinquante vers, il dormait. Au vu de ce phénomène, Isabel avait été tentée de suggérer à un éditeur particulièrement clairvoyant de publier un livre destiné aux insomniaques. Il ne serait pas question de leur proposer des recettes, le monde actuel ne comptant que trop de donneurs de conseils, mais il contiendrait des passages dont la lecture garantirait l'assoupissement : « Hiawatha » ou, pour des raisons différentes, des extraits de *La Guerre des Gaules* de Jules César, ou encore des chapitres tirés des écrits autobiographiques d'hommes politiques contemporains.

Isabel ferma le Milne et annonça à Charlie qu'elle allait ouvrir la porte. Elle le déposa doucement dans le parc.

– Ta cousine vient d'arriver, ajouta-t-elle.

– Olive ? marmonna Charlie en levant la tête, plein d'espoir.

– Pas tout de suite, répondit sa mère. Mais tu l'as très bien dit.

Elle traversa le vestibule et ouvrit la porte. Derrière Cat se trouvait un homme qui devait être Bruno. Le soleil couchant, passant dans ses cheveux, faisait à Cat un halo. Isabel s'avança pour embrasser sa nièce.

– Et voilà Bruno, je suppose ?

Cat s'effaça pour laisser Isabel serrer la main du nouveau fiancé. Bruno inclina la tête, le visage empreint d'un étonnement mêlé de condescendance. Visiblement, il aurait préféré être ailleurs, mais puisqu'il était là, il voulait bien faire preuve de tolérance.

– Ravi de faire votre connaissance.

Il avait la voix étrangement haut perchée. Isabel ne put s'empêcher de pincer les lèvres. Elle s'en voulut, mais c'était plus fort qu'elle : elle n'aimait pas le ton qu'il avait pris pour dire « Ravi de faire votre connaissance ». Elle pressentait de la désinvolture, presque de l'ironie, comme s'il était loin d'être ravi, au mieux indifférent. Il était là à contrecœur, parce que Cat avait insisté. Isabel trouva cela aussi désagréable, que de se retrouver dans un cocktail avec quelqu'un qui regarde ailleurs, à la recherche d'un personnage plus important à importuner.

Elle eut la surprise de constater qu'il était petit et sans un poil de graisse, comme un jockey. Ce qui n'avait pas été le cas des autres prétendants de Cat. Bruno, lui, avait presque une tête de moins qu'elle. Et encore, remarqua Isabel en le considérant de haut en bas, avec des talonnettes.

Le couple entra. Jamie apparut à la porte de la cuisine, s'essuyant les mains sur un torchon. Il embrassa Cat très naturellement sur la joue avant de serrer la main de Bruno.

– J'ai beaucoup entendu parler de vous, dit Bruno.

Encore une fois, Isabel pinça les lèvres involontairement. La remarque était malheureuse, et embarrassante pour l'interlocuteur. Non seulement on n'a pas forcément envie de savoir que d'autres parlent de vous, mais les choses étaient compliquées dans le cas présent par les tensions passées entre Cat et Jamie.

Isabel vit que Jamie était mal à l'aise. Elle allait dire des banalités sur la météo quand il prit la parole.

– Ah oui ? Eh bien moi aussi, j'ai beaucoup entendu parler de vous.

Bruno lança un coup d'œil à Cat, manifestement contrarié.

– Il n'y a pas grand-chose à dire sur moi, dit-il. À part les films que j'ai tournés, évidemment.

– Mais je ne savais pas ! s'écria Isabel, profitant de l'occasion pour changer de sujet. Personne ne m'a parlé de cinéma.

Bruno se tourna vers Isabel.

– Vous ne m'avez jamais vu à l'écran ?

– Je ne vais pas beaucoup au cinéma, s'excusa Isabel. J'aimerais y aller plus souvent, mais c'est difficile de trouver le temps.

– Mon dernier film, c'est *Pétrole*, poursuivit Bruno. Vous connaissez ?

Cette dernière question s'adressait à Jamie, Bruno ayant à l'évidence décidé qu'Isabel n'y entendait rien.

– *Pétrole* ?

– Ça se passe sur une plate-forme pétrolière, près des Shetlands. Enfin, la plus grande partie. C'est réalisé par Joe Beazley.

Isabel prit un air concentré, comme si elle cherchait à situer Joe Beazley parmi les nombreux réalisateurs qu'elle comptait dans ses relations.

– Joe Beazley ? Je ne crois pas le connaître.

– Qu'est-ce que vous faisiez, dans ce film ? demanda Jamie.

– Des cascades, répondit Bruno. Je suis cascadeur de métier.

– Je croyais que vous étiez funambule, dit Jamie.

Bruno éclata d'un rire désagréable, presque un ricanement.

– Ça aussi, ça fait partie du boulot. Vous me suivez ?

– À peu près, dit Jamie.

Ils étaient toujours dans le hall. Isabel les guida vers le salon, où Charlie profitait des dernières minutes avant le coucher. Bruno se pencha pour le chatouiller sous le menton.

– Tu en as marre, hein mon pote ? Je comprends ça. Tiens, tu veux que je t'apprenne à t'échapper de ce truc ?

Charlie le regardait d'un air dégoûté, en fronçant les sourcils : il n'aimait pas qu'on lui chatouille le menton. Isabel eut envie de rire. Encore une fois, Cat avait réussi son coup. Bruno était pire qu'elle ne l'avait imaginé.

– Vous êtes aussi escapologiste ?

– Escapo-quoi ?

– Un spécialiste de l'évasion, expliqua Isabel. Je me demandais si vous étiez à la fois funambule et escapologiste.

Cat, lançant à Isabel un regard appuyé, décida d'intervenir.

– Isabel sait parler anglais, mais parfois elle oublie.

– Quoi ?

Jamie toussa légèrement.

– Et vous faisiez quelles cascades dans le film ?

– Il y avait une scène où j'étais couvert de pétrole, répondit Bruno, visiblement content d'être interrogé. En fait, ils utilisent de la mélasse. Ça ressemble à du brut, mais c'est plus facile à nettoyer.

– Vous devez vous retrouver dans des situations un peu scabreuses.

À nouveau, Cat lança à Isabel un regard qui ressemblait à une mise en garde.

– Dans une autre scène, il y avait un incendie. Les vêtements en amiante, les flammes, le grand jeu quoi. Je devais perdre l'équilibre et tomber dans le bouillon. J'ai failli heurter le canot de sauvetage en plongeant, mais comme ça ne se voyait pas à l'image, je n'ai pas été obligé de recommencer.

Cat le regardait en souriant d'un air admiratif.

– Bruno dit qu'on s'ennuie beaucoup sur un tournage. Il faut sans cesse refaire les prises, jusqu'à ce que ça marche.

– C'est vrai que le métier est dur, ajouta Bruno. Même pour le cascadeur. On le fait pour le fric, c'est tout. Sauf quand on est doublure corps : ça c'est de l'argent facile.

– Doublure corps ?

– Ce sont les gens qui remplacent les acteurs, répondit Bruno avec un sourire ironique. Quand il faut filmer certaines parties du corps, un bras, ou un pied, ça dépend.

Il regarda Cat, qui sourit pour l'encourager.

– Et le nu, s'enhardit-il. Les scènes de lit, quoi, quand le réalisateur veut montrer un peu de peau. Comme on n'a pas besoin de voir le visage, on prend une doublure. Vous me suivez ?

Il fit à Isabel un clin d'œil égrillard ; celle-ci se sentit obligée de faire de même. Jamie en resta bouche bée. Bruno fit un second clin d'œil.

Tous deux peinèrent à trouver le sommeil. Isabel, l'entendant respirer, savait que Jamie ne dormait pas : quand il était endormi, on n'entendait pas un bruit, c'était comme s'il n'était pas là.

– Enfin !... murmura-t-elle.

Jamie se retourna, repoussa drap et couverture et glissa doucement son bras autour de l'épaule d'Isabel.

– Tu as été très bien, dit-il. Tu as même été parfaite.

Elle se sentit soulagée. Elle avait fait un effort surhumain, dans le but de préserver ses rapports avec Cat, et c'était un réconfort de savoir que Jamie, au moins, avait été impressionné.

– Ces clins d'œil !

– J'ai vu ça, répondit Jamie en riant. Qu'est-ce qu'il voulait dire ?

– En général, c'est un signe de complicité, du genre : « On se comprend. »

– Ça ne marchera jamais, soupira Jamie. Tu sais quoi ? J'ai pitié de lui. Il est peut-être très attaché à elle.

– J'ai bien peur que oui. Il est un peu brut de décoffrage comparé à ses petits amis habituels. J'espère qu'il ne va pas tout casser quand elle voudra le quitter.

– Moi aussi, ça m'inquiète, dit Jamie. Il a quelque chose de bizarre. Avec certaines personnes, on a toujours l'impression qu'ils sont sur le fil du rasoir, qu'ils sont tellement tendus qu'ils peuvent craquer d'un moment à l'autre.

Isabel partageait ses craintes.

– Tu crois que nous devrions la mettre en garde ?

Elle se sentait réconfortée par le poids du bras de Jamie sur ses épaules.

– Non, dit Jamie après un temps de réflexion. Il ne faut pas. Elle nous en voudrait de nous mêler de ses affaires. Il va falloir qu'elle s'en aperçoive toute seule.

Il avait beau avoir raison, la décision de rester en retrait allait tellement contre sa nature qu'Isabel aurait du mal à s'y plier. L'intrusion de Bruno avait tout d'un désastre annoncé. Elle hésitait presque à prononcer son nom, tant il connotait des choses négatives.

– De toute façon, on n'aura pas longtemps à attendre, ça ne va sans doute pas durer, dit-elle à moitié endormie.

– Ou bien c'est lui qui ne va pas tenir le coup, marmonna Jamie.

– Quoi ? s'exclama Isabel, subitement tirée de sa somnolence.

– Il a un métier dangereux, non ? Le blouson en flammes, le pétrole, la mélasse, le fil. Tout ça, c'est très dangereux. J'imagine que son assurance doit lui coûter cher. Le pauvre.

Ces deux derniers mots réussissaient à colorer de compassion une remarque en apparence cruelle. Du grand pouvoir des petits mots.

CHAPITRE 10

– Jock sera à l'entrée des vieilles serres à onze heures du matin, avait dit Minty. Il est très ponctuel, il sera à l'heure.

Isabel avait demandé une description physique.

– Il y aura peut-être d'autres personnes. Je ne voudrais pas me tromper et aborder un inconnu. Ce n'est pas dans mes habitudes.

Minty n'avait pas eu l'air d'apprécier la plaisanterie.

– Physiquement, il est grand, séduisant. Le genre d'homme qui fait tourner la tête aux femmes.

Isabel n'avait pas réagi.

– C'est pour ça que j'ai succombé, avait-elle ajouté, sans conviction. Oh ! je sais bien que…

– N'importe qui peut céder à la tentation. C'est facile.

– Je ne vous vois pas dans cette situation, vraiment pas.

Comment interpréter cette remarque ? Soit c'était un compliment rendu à sa force d'âme, soit Minty jugeait peu probable qu'Isabel attire un séducteur, ce qui n'était guère flatteur.

– Vous ne me connaissez pas très bien, avait répondu Isabel avec un léger reproche dans la voix.

Minty, sans paraître s'en apercevoir, lui avait demandé de la contacter à leur retour de Skye.

– Je ne pourrai peut-être pas parler librement, pour des raisons évidentes. Mais tenez-moi au courant.

Isabel arriva au Jardin Botanique avec une légère avance. Il faisait chaud, le ciel était dégagé ; pas un souffle de vent. Il est rare qu'Édimbourg connaisse de telles journées, même quand l'été est beau, et tout le monde voulait en profiter. L'autobus qui l'avait menée à Stockbridge était plein d'hommes en tee-shirt ou en chemise aux manches retroussées, de femmes en chemisiers de coton léger. La voisine d'Isabel, le visage levé vers le soleil, avait les yeux fermés. Isabel l'entendit murmurer « Oh, ce soleil… », comme pour implorer l'astre de ne pas disparaître.

– Ça semble bon, n'est-ce pas ? dit Isabel à mi-voix.

– Le soleil me manque terriblement, répondit la femme en se tournant à demi.

– L'Écosse n'est peut-être pas un pays pour nous.

L'autre se mit à rire et referma les yeux, à nouveau en adoration.

– On n'a pas le choix, dit-elle. C'est comme pour tout le reste. On n'a pas le choix.

Effectivement, la plupart des gens ne décident pas librement de l'endroit où ils vont vivre. La toute première loterie de la vie, c'est la géographie : on naît français, américain, soudanais, écossais. Avec tout ce que cela implique : la culture, la langue, l'assemblage de gènes qui détermine le teint, la taille, la vulnérabilité à la maladie, et ainsi de suite. Cela constitue la destinée de la grande majorité. Les changements ultérieurs, s'ils se produisent, sont fortuits, ou bien durement gagnés. La passagère de l'autobus, qui aurait sans doute préféré vivre au Portugal ou en Espagne, plus près du soleil, était retenue par un travail, un mari, un passé qui la liaient indéfectiblement à l'Écosse et à son climat.

Fallait-il le déplorer ou s'en accommoder ? Mieux vaut certes accepter son sort, ce que font les gens, en général. Peu à peu, la résignation laisse place à l'attachement. Mais si Isabel aimait l'Écosse, ce n'était pas par devoir.

Elle suivit la route qui serpente le long de la Leith, avant de grimper vers le Jardin Botanique. En se retournant, elle voyait la ville sous un angle inhabituel : le château, les clochers des églises, le siège d'Arthur ressemblant à un lion tapi aux aguets, que le soleil nimbait d'or. Elle admira brièvement ce paysage, puis baissa les yeux vers la rivière aux couleurs mélangées de tourbe et d'argent. La Leith est peu profonde : on peut la traverser pratiquement partout sans que l'eau dépasse le genou. Il faut de fortes pluies sur les Pentlands pour lui redonner quelque ampleur. Néanmoins, elle portait une grande affection à la rivière de son enfance. Elle se souvenait avoir pique-niqué avec ses parents dans la vallée de Colinton, où la Leith tombe en cascade au niveau d'un petit barrage. Son père lui avait fait une démonstration de ricochets, qu'elle n'avait jamais réussi à égaler. Allongée sur la couverture écossaise, sa mère soufflait en l'air les petits nuages de fumée de sa cigarette. « Maman, tu ressembles à un volcan », avait déclaré Isabel. Elle se souvenait encore très précisément de cette remarque, que sa mère n'avait pas appréciée. Isabel en avait été surprise et peinée, tant elle avait du mal à supporter que ses parents manifestent de la colère ou de la déception à son égard.

Elle emprunta l'allée qui débouche derrière le bâtiment d'Inverleith House, situé au milieu du jardin et entouré d'arbres. Là aussi, elle retrouvait des souvenirs : à l'époque où Inverleith House était occupé par le musée d'Art moderne, elle était venue avec sa classe voir une exposition consacrée à Ann Redpath. Le professeur d'arts plastiques, Miss McLaren, pour qui tous les artistes importants du XXe siècle avaient été influencés par Cézanne, en indiquait des traces dans les tableaux de Redpath. « Encore Cézanne. Et Matisse. Comme beaucoup, elle a été influencée par eux. Regardez bien les couleurs de ce tableau, mesdemoiselles : la colline, le sentier. Est-ce que ça ne rappelle pas Cézanne ? »

Cela faisait des années qu'elle n'avait pas pensé à Miss McLaren. Cette sortie au musée avait déserté sa mémoire, et même si elle se souvenait du professeur et de ses théories, elle avait complètement oublié le nom de ses compagnes de classe. Un trou noir. D'ici vingt ans, elle aurait sans doute oublié les événements de ce jour-là. Par ailleurs, dans vingt ans, Charlie terminerait ses études supérieures et songerait à une carrière. Elle ne parvenait pas à se le représenter dans un avenir aussi lointain, pas plus qu'elle ne parvenait à imaginer ce qu'elle ressentirait alors. Elle éprouverait sans doute la même chose que beaucoup d'autres dans les mêmes circonstances. La séparation et la perte d'un être cher ont ceci de consolant : ce sont des événements universels. Une douleur partagée est d'autant plus légère.

En approchant des serres, elle consulta sa montre : onze heures moins trois minutes. Il n'y avait personne. Un moment, elle crut que Minty s'était jouée d'elle en l'envoyant perdre son temps sur une fausse piste, comme le font certains déséquilibrés. Elle se retourna : dans l'allée qu'elle venait de gravir se trouvait une femme portant une veste rouge vif et un grand chapeau de soleil, accompagnée d'un enfant dans une poussette qui semblait porter une sorte de bonnet. Si Jock Dundas arrivait maintenant, il pourrait très bien prendre cette femme pour Minty et l'enfant pour Roderick.

En se retournant à nouveau, elle vit un homme de grande taille, avec une crinière brune sortir des serres. Il jeta un bref coup d'œil à Isabel et reporta son attention sur la femme qui montait l'allée derrière elle. Il plissa les yeux, gêné par le soleil, l'air momentanément indécis. Cela leva les derniers doutes d'Isabel. Elle était assez proche de l'homme pour lui parler.

– Non, ce n'est pas elle dit-elle en s'approchant.

Surpris, il fit volte-face.

– Cette femme, là-bas, ce n'est pas Minty.

L'homme scruta de nouveau l'autre femme, l'air perplexe, et revint à Isabel.

– Pardonnez-moi. Vous êtes… ?

Isabel fut frappée de la beauté de son profil : pas étonnant que Minty ait été séduite.

– Isabel Dalhousie. Je suis une… une amie de Minty.

Jock resta d'abord sans réaction, puis il fronça les sourcils.

– Il s'est passé quelque chose ? Roderick ?

– Il va bien, le rassura Isabel. Je suis venue à la place de Minty, c'est tout.

L'impassibilité première cédait la place à l'irritation.

– Écoutez, je ne voudrais pas être grossier, mais j'étais censé retrouver Minty. Je ne vois pas pourquoi…

– Minty est très contrariée, coupa Isabel. Je voudrais vous en parler.

– Je ne vois pas en quoi ça vous regarde.

– C'est elle qui me l'a demandé. Elle veut que vous arrêtiez.

– Désolé, dit-il en levant les yeux au ciel. Ça ne vous regarde pas.

Il a raison, se dit Isabel. Je me mêle de ce qui ne me regarde pas. Mais elle se garda de le dire tout haut, écœurée par son attitude. Les personnalités de ce genre n'aiment pas que des tiers se mêlent de leur stratégie d'intimidation. Elle inspira profondément.

– Écoutez, monsieur Dundas, est-ce que vous vous rendez compte que vous jouez à un jeu dangereux ?

Manifestement pris de court, il ouvrit la bouche, mais aucun son n'en sortit. Isabel, maintenant sûre d'elle, poussa son avantage.

– Vous n'avez pas le droit, commença-t-elle, de vous comporter comme vous le faites. Vous devriez vous estimer heureux que Minty n'aille pas trouver la police.

– La police ? répéta-t-il, ébahi. Quel est le rapport entre la police et le fait que je veuille voir mon fils ?

Il s'arrêta, comme s'il en avait déjà trop dit.

– Ne vous inquiétez pas, je suis au courant. Je sais que vous êtes le père.

– Eh bien, j'ai le droit de le voir, il me semble ! s'exclama-t-il avec une pointe d'irritation.

– Mais vous n'avez pas le droit de menacer Minty par téléphone, riposta Isabel, ni d'envoyer une couronne mortuaire à son domicile.

À nouveau, il eut l'air complètement stupéfait.

– Quoi ? s'écria-t-il. Qu'est-ce que vous racontez ?

Isabel, ébranlée, comprit que sa surprise n'était pas feinte. Elle en conclut immédiatement que Jock disait vrai. En tout cas, s'il avait vraiment menacé Minty, il jouait très bien la comédie.

– Mais répondez !, dit-il, furieux. De quoi parlez-vous ?

La jeune femme qui se trouvait dans l'allée se rapprochait. Isabel, ne souhaitant pas de témoin, montra la porte de la serre.

– Est-ce qu'on pourrait aller à l'intérieur ?

Jock, toujouts furieux, marmonna un assentiment. Ils entrèrent dans la serre. À cause du beau temps, l'atmosphère était oppressante, même si les fenêtres automatiques étaient ouvertes au maximum. L'air était chargé d'un parfum épais et vaguement écœurant.

– De l'autre côté, indiqua Isabel, nous serons tranquilles.

– Et vous allez vous expliquer, répondit Jock, dont la voix tremblait toujours de colère contenue.

Isabel s'exécuta : pour Minty, il essayait de faire pression sur elle pour récupérer Roderick.

– C'est vrai ? C'est-ce que vous voulez ?

Mais elle savait déjà ce qu'il allait répondre.

– Bien sûr que non, répondit Jock, qui semblait abasourdi. C'est absolument faux. Ça alors, pour qui me prenez-vous ? Je suis avocat, bon sang !

Encore une fois, on ne pouvait s'y méprendre, l'indignation était sincère.

– Je suis désolée, dit Isabel. On m'a trompée. Je ne vous accuse de rien.

– Tout ce que je veux, dit-il en balayant d'un geste les excuses d'Isabel, c'est le voir. Je ne veux pas compromettre le mariage de Minty. C'est pour ça que j'essaye de le rencontrer discrètement, pour que son mari n'ait pas de soupçons.

– D'accord, dit Isabel en secouant la tête. Mais vous vous rendez bien compte que ça ne peut pas durer. Tôt ou tard, il racontera à son père…

Elle se reprit tout de suite.

– Il racontera à Gordon que sa mère vous voit. Vous comprenez ? Qu'est-ce qui se passera alors ?

– J'y ai pensé, répondit Jock. On pourra toujours dire qu'il s'agit de rendez-vous d'affaires. Je pourrais très bien avoir des transactions avec sa banque.

Cela semblait assez peu plausible à Isabel, et elle le regarda avec attention.

– Vraiment ? Vous trouvez ça crédible ? Et puis, à quoi ça sert de voir ce petit garçon puisque vous savez qu'à long terme, ça n'aboutira à rien ? Il ne vous traitera jamais comme son père.

Jock restait silencieux. Il avait abandonné son assurance et son arrogance du début et affichait une expression d'abattement mêlée de tristesse.

– J'avais espéré… murmura-t-il.

– Espéré quoi ?

Il ne répondit pas. Isabel décida d'aller plus loin.

– Pourquoi ne pas simplement vous résigner ? Si Roderick est votre fils biologique, ses vrais parents sont Minty et Gordon. Vous pourriez trouver quelqu'un d'autre, avoir un enfant à vous, que vous élèverez vous-même, au lieu de rencontres furtives, comme si vous étiez un criminel.

Ils s'étaient arrêtés près d'une plante grimpante tropicale qui arborait de longues pousses en vrille et d'étranges fleurs en forme de coupe. Leur parfum vaguement carné, évoquant la charogne, incommoda Isabel. Dans le regard de Jock la douleur était visible.

– Est-ce que vous savez seulement de quoi vous parliez ? Désolé d'être grossier, mais ça ne vous est pas venu à l'idée ?

Isabel baissa les yeux, peu désireuse d'argumenter. Une fois rentrée chez elle, elle téléphonerait à Minty pour lui reprocher de l'avoir mêlée à toute cette histoire. Au départ, Isabel avait vraiment cru que Jock cherchait à lui nuire. Manifestement, Minty avait exagéré, peut-être même menti.

– Je ne peux plus avoir d'enfant, dit Jock soudain. L'année dernière, j'ai eu une orchite. Vous savez ce que c'est ?

Après le premier instant de surprise, Isabel comprit soudain ce qu'il voulait dire.

– Les gens parlent des oreillons comme d'une maladie bénigne. Même le nom a quelque chose de comique. Mais les conséquences peuvent être très graves, et malheureusement c'est le cas pour moi. Je ne peux plus avoir d'enfants.

À nouveau, Isabel baissa la tête. Au cours des dix minutes qu'avait duré la conversation, elle avait dû réviser du tout au tout sa vision des événements. Elle était certaine que les attaques dont Minty parlait étaient imaginaires ; en outre, elle comprenait maintenant pourquoi Jock s'efforçait envers et contre tout d'établir des relations avec Roderick, au point d'échafauder un plan rocambolesque. Elle se sentait désorientée ; on l'aurait été à moins. C'était désagréable de se retrouver dans ce monde d'apparences, où les contours de la réalité changeaient sans cesse. Elle comprenait pourquoi les gens s'accrochent si désespérément à leurs certitudes.

– Je suis vraiment désolée, dit-elle en lui prenant le bras. J'ai mal interprété la situation. Je suis désolée.

Ils se dirigèrent vers la sortie.

– Qu'allez-vous faire ?

– Je vais contacter Minty, répondit Isabel, pour lui dire que je ne peux rien pour elle. En d'autres termes, je me retire.

– Vous ne pouvez rien ? protesta Jock, extrêmement frustré. Vous ne pouvez pas la convaincre de voir les choses de mon point de vue ?

Isabel ne sut quoi répondre. Aucun compromis ne lui semblait possible. Si Jock décidait de tout révéler et de faire valoir ses droits sur Roderick, Minty et Gordon risquaient de divorcer, ce qui ne pouvait guère la disposer favorablement à son égard. Si Gordon passait l'éponge, Minty s'en tirerait, mais cela n'aiderait pas davantage Jock à voir son fils, Gordon n'étant sans doute pas enclin à voir Roderick se lier avec un autre homme, même si c'était son vrai père. Et cela se comprenait. Si l'affaire allait devant un juge, il était à prévoir que celui-ci déciderait que l'intérêt de Roderick était de rester avec sa mère et l'homme qu'il prenait pour son père. Quoi qu'il fît, Jock était perdant.

La facilité eût commandé de tirer sa révérence, de se laver les mains de toute cette histoire, et il s'en fallut de peu qu'elle n'abandonnât sur-le-champ. Mais, encore une fois, il y avait cette question de proximité morale. L'homme qui se trouvait devant Isabel n'était pas moralement un étranger : s'il lui demandait son aide, elle ne pouvait pas dire non.

– D'accord, je lui parlerai, dit-elle enfin.

À l'extérieur, elle se sentit moins oppressée et plus à l'aise que dans la chaleur artificielle de la serre.

– Mais je ne vois aucune solution, en ce qui vous concerne monsieur Dundas, il faut que vous acceptiez que Roderick ne vous appartiendra jamais vraiment.

Il la dévisagea. Envolées, la confiance et la fermeté du début ; on aurait dit un homme attendant sa sentence. Ceci renforça encore la conviction d'Isabel : cet homme-là n'avait jamais menacé personne.

– Vous pouvez imaginer ce que je ressens ? murmura-t-il d'une voix tremblante.

– Je crois que oui.

– C'est comme si j'étais mort, dit-il.

Il avait parlé doucement, chaque mot énoncé très distinctement, et sa réaction sonnait juste. *Arrêtez les pendules*, avait écrit Auden dans ce poème si déchirant. Elle ressentirait la même chose si on lui annonçait qu'elle ne reverrait jamais Charlie.

Elle ne savait quoi dire. Et d'ailleurs, elle n'avait pas envie d'ajouter quoi que ce soit, tout commentaire étant superflu. L'image de la mort était suffisamment parlante. L'erreur initiale avait été cette liaison irréfléchie et sans lendemain avec Minty Auchterlonie, dont les conséquences étaient si douloureuses. Qui avait séduit l'autre en premier ? Minty, sans doute. Pour ce genre de prédatrice, c'est un divertissement, une distraction, qui avait mis un peu de piment dans sa vie routinière avec Gordon, le respectable – et riche – Gordon. Le résultat, c'était ce rêve de paternité que le petit garçon avait fait naître chez son père biologique, un rêve brutalement détruit.

Isabel était fermement persuadée que la meilleure façon de résoudre les problèmes est de dire la vérité ; mais ici, c'était inopérant. La seule solution, à son sens, c'était que Jock renonçât à l'amour qu'il avait pour son fils. Mais elle peinait à trouver des mots de réconfort. Isabel tenait Minty pour la principale responsable. Parce qu'elle s'était lancée avec inconscience dans cette aventure extraconjugale, un homme souffrait. Mais Jock aussi avait sa part de responsabilité :

il faut être deux pour vivre une aventure, à moins d'être un narcissiste fini. Dans le cas présent, pourtant, il n'était que trop facile d'imaginer Minty en sirène, essayant d'attirer Jock vers les écueils. Tout était donc de sa faute. De plus, elle n'avait nullement le droit de traîner Isabel dans une histoire à dormir debout.

Isabel était résolue à appeler Minty pour lui dire qu'elle se retirait. Encore une fois, Jamie avait eu raison. Mieux valait ne pas se lancer tête baissée dans les affaires d'autrui, surtout si cette personne se révèlait manipulatrice et sans scrupules. Jamie avait eu raison sur un second point. Il n'aimait pas Minty, son jugement était sûr. En fin de compte, Minty Auchterlonie faisait partie de ces gens qui font des dégâts partout où ils passent. Le mieux, c'est de les éviter soigneusement, de les mettre en quarantaine, comme ces malades qu'on doit empêcher de contaminer la ville entière. Mais qui pouvait l'arrêter ? Isabel ?

Elle s'apprêta à prendre congé de Jock.

– Vous lui parlerez ? demanda-t-il avec angoisse.

– Oui. Mais comme je vous l'ai dit, je ne crois pas que ça fera la moindre différence.

– Faites-le quand même, je vous en en supplie.

– Je vous l'ai promis. Je lui parlerai.

Minty lui avait demandé de proposer de l'argent. Cela semblait maintenant superflu, et surtout déplacé. Cette proposition existait, pourtant. Ferait-elle avancer la situation d'une façon ou d'une autre ? Qui sait…

– Il y a autre chose. Je ne sais même pas si je dois vous en parler. Je crains que vous ne soyez offusqué.

– Quoi ?

– Une question d'argent. Minty est prête à vous dédommager si vous abandonnez vos droits sur Roderick.

Il restait parfaitement immobile. Elle vit qu'il réfléchissait intensément. Il finit par détourner la tête.

– Je n'aurais pas dû en parler, dit Isabel.

– Vous étiez son émissaire, dit-il en haussant les épaules. Je suis juriste. Quand on défend les intérêts d'un client, on doit parfois dire des choses désagréables.

Elle fut soulagée qu'il ne se laisse pas aller à la colère. Elle aurait aimé connaître ce qu'il pensait vraiment.

– Minty a parlé de cinquante mille livres.

Il observait l'or éclatant d'une ophrys abeille en fleur.

Ainsi sommes-nous, tous avilis et corrompus par l'argent, se dit Isabel.

CHAPITRE 11

Comme on s'applique à ne pas voir le gros nuage noir qui menace une promenade dans la campagne, Isabel avait évité de penser à Christopher Dove. Ce genre d'artifice n'apporte qu'un répit passager ; elle savait qu'il lui faudrait, tôt ou tard, répondre à sa lettre et à cette accusation. N'étant pas encline par nature à faire traîner les choses, elle allait s'y atteler, mais elle avait devant elle quantité de corvées désagréables, de missions délicates ; il fallait faire des choix.

Écrire à Christopher Dove, parler à Minty Auchterlonie, acheter un cadeau de fiançailles pour Cat, s'efforcer d'avoir une meilleure opinion de Bruno, sans oublier *Pétrole*, dont elle voulait pouvoir lui dire qu'elle l'avait vu à l'écran. Bruno apprécierait cet effort, et cela permettrait peut-être d'établir un lien entre eux, ce qu'elle estimait être de son devoir. Parmi toutes ces obligations, aucune ne l'enthousiasmait. C'était le lot commun : une multitude de corvées que personne n'aurait choisies de son plein gré.

Le lendemain de sa rencontre avec Jock, installée à son bureau, elle se laissait aller à ces pensées mélancoliques. Jamie avait pris un train très tôt à la gare de Haymarket pour se rendre à Glasgow, où il avait une séance d'enregistrement ; il aimait ce genre de travail, par ailleurs bien payé. Grace étant partie faire des courses avec Charlie dans le quartier de Morningside, Isabel avait le loisir de s'occuper du courrier empilé sur son bureau. Mais à peine avait-elle commencé que le téléphone sonna.

Elle fut un instant tentée de ne pas répondre, pour jouir de cette délicieuse impression de liberté, si intense que c'en était presque un péché. Pour Isabel, il n'y avait aucune raison de se rendre esclave de tels instruments.

Elle regarda le téléphone, luttant contre la tentation. Combien de fois allait-il sonner ? Si c'était Jamie, cela pouvait durer longtemps, car il savait qu'elle était quelque part dans la maison ; mais si c'était un inconnu, il n'irait pas au-delà de cinq à six sonneries.

À la huitième, elle décrocha.

– Mademoiselle Dalhousie ?

Cette voix d'homme, elle l'avait déjà entendue, mais pas récemment ; elle n'arrivait pas à l'identifier.

– Lettuce à l'appareil.

Isabel serra très fort le récepteur. Bien sûr. Elle reconnaissait la diction précise et un peu pédante du professeur Lettuce, spécialiste d'éthique, ancien président du conseil de rédaction de la revue, auteur de *L'Endurance comme mode de vie*, et surtout ami et mentor de Christopher Dove.

– Je suis ravie de vous entendre, professeur Lettuce.

Elle avait parlé sans vraiment réfléchir : c'était un mensonge dont elle aurait dû s'abstenir. Elle n'avait jamais été ravie d'entendre sa voix, ni auparavant, ni ce jour-là. Et puis ce nom ridicule ! Pauvre Lettuce, il n'était plus très vert. Cette plaisanterie secrète, pour infantile qu'elle fût, la fit sourire et elle se sentit plus sereine.

– Moi de même, mademoiselle Dalhousie.

Elle en doutait.

– Si je vous appelle, c'est que je suis en ce moment à Édimbourg, poursuivit Lettuce.

– Très bien ! Est-ce que vous souhaitez que nous nous voyions ?

Elle n'en avait pas envie, mais se sentait obligée de le proposer.

– Ce serait avec un très grand plaisir, dit Lettuce. Je donne une conférence cet après-midi. La faculté de philosophie a eu l'amabilité de m'inviter à dire quelques mots de mon nouvel ouvrage sur Hutcheson à l'occasion d'un séminaire.

– Hutcheson ?

Consciente du ton surpris qu'elle avait employé, elle corrigea le tir.

– Je ne savais pas que vous faisiez des recherches sur Hutcheson. Mais je connaissais votre intérêt pour Hume, bien sûr.

– Oui, dit le professeur Lettuce avec un petit rire, ce serait plus logique de passer de Hutcheson à Hume. Seulement voilà, j'ai fait le contraire. Est-ce que par hasard vous seriez libre pour déjeuner ? Je me rends bien compte que je vous préviens à la dernière minute, mais je tente ma chance quand même.

Isabel consulta sa montre. Il était presque onze heures. Elle n'avait pratiquement rien fait de la matinée. Si elle partait déjeuner en ville tout de suite, elle ne serait pas de retour à son bureau avant deux heures passées. C'était le moment où Charlie se réveillait de sa sieste et où elle aimait passer un peu de temps avec lui. Le prochain numéro de la revue devait partir chez l'imprimeur dans six semaines, et cela voulait dire…

– J'espère que vous pouvez vous libérer, pressa Lettuce. Il y a une chose importante dont j'aimerais vous entretenir.

Isabel se crispa. Difficile, maintenant, de décliner l'invitation : Lettuce refuserait, elle en était sûre, d'en discuter au téléphone. À l'époque où il présidait le comité de rédaction, c'était déjà son habitude de faire des allusions cryptiques à telle ou telle information qu'il possédait, mais que personne d'autre n'était censé connaître. Lors de l'assemblée annuelle du comité de la revue, elle avait même un jour chuchoté à son voisin que Lettuce se prenait pour le chef des services secrets.

– Alors il faut le rebaptiser C, avait répondu celui-ci. Ou M ? C'est comme ça qu'on dit maintenant ?

– L, dit Isabel à voix basse.

L aurait convenu parfaitement à Lettuce. En revanche, D n'allait pas du tout à Dove. Son nom était admirable, on l'aurait dit sorti d'un roman de Trollope, version moderne du sinistre Obadiah Slope des *Tours de Barchester*. Elle était intimement persuadée que les gens finissent par ressembler à leur nom. De la même façon, prédire à quelqu'un qu'il réussira contribue à ce que la prophétie se réalise. Si Obadiah Slope était devenu un intrigant, c'est peut-être que ses compagnons de jeunesse le lui avaient prédit. À cause de son nom singulier, elle aurait parié que le professeur Lettuce avait été dans son enfance la cible de moqueries de camarades plus chanceux ; cela avait contribué à forger sa personnalité. Pour elle, la méchanceté a toujours une cause, qu'il faut rechercher dans la salle de classe, la cour de récréation, et même encore plus tôt, au berceau – que ce soit un manque d'amour de la mère, un père avare de compliments ou un traumatisme. La sécheresse du cœur, qui peut avoir plus tard des conséquences si désastreuses, n'apparaît pas ex nihilo. Pourvu que cela n'arrive jamais à Charlie, pria-t-elle mentalement. Qu'il ne soit jamais aimé trop ou trop peu.

– Vous êtes toujours là ? demanda Lettuce d'une voix contrariée.

– Oui, oui. Je serai ravie de déjeuner avec vous.

– Très bien, dit-il. Un repas léger, car il faut que je puisse rendre justice à Hutcheson cet après-midi. Une salade.

– Tout à fait approprié, répondit Isabel, incapable de résister à la tentation.

– Parfait, dit-il sur un ton égal, sans déceler l'ironie.

Ils convinrent d'un endroit où se retrouver et Isabel raccrocha.

Immédiatement, le téléphone sonna à nouveau. Jamie, profitant d'une pause-café pendant la séance, voulait bavarder avec elle.

– Ce chef est un tyran, dit-il à mi-voix. Il nous a donné huit minutes de pause, pas plus. Tu te rends compte ?

Isabel compatit puis évoqua la conversation qu'elle venait d'avoir.

– Tu ne devineras jamais qui m'a appelée, dit-elle. Le professeur Lettuce. Il m'a invitée à déjeuner.

– Attention, il va peut-être te raconter des salades...

Isabel sourit : ces plaisanteries vaseuses qui nous replongent dans l'enfance ont quelque chose de réconfortant et allègent la tension. Mais mieux vaut les limiter au cercle restreint des amis et des proches, qui savent pertinemment qu'on peut faire mieux.

– Pauvre professeur Lettuce, dit-elle.

– Ne le secoue pas trop...

– Ta pause n'est pas finie ? répliqua Isabel.

Ils se retrouvèrent au *Tower Restaurant*, un établissement assez cher, perché en haut du Royal Scottish

Museum. Isabel avait suggéré l'endroit parce qu'elle aimait la vue sur les toits de Grasmarket et du château.

– Si on n'est pas très à l'aise avec la personne avec qui l'on déjeune, il faut absolument avoir quelque chose à regarder, avait dit Isabel un jour à Jamie.

– Je suis d'accord avec tout ce que tu dis, avait répondu Jamie, même quand tu dis des trucs comme ça.

– Je parle sérieusement, avait protesté Isabel. Quand tu es assis en face de quelqu'un, que tu le regardes dans les yeux, tu rentres dans sa sphère. Enfin, il y a peut-être un mot plus approprié.

– Que « sphère » ?

– Essence ? Âme ? Substance ?

– « Sphère » est plus exact, avait dit Jamie après un temps de réflexion

– Donc, avait poursuivi Isabel, il faut pouvoir s'échapper. D'où l'importance d'une table avec vue.

Ils s'étaient regardés. Elle avait remarqué que ses yeux noisette, à l'air si doux, étaient tachetés de vert. Une amie d'Isabel lui trouvait le regard très écossais. Naturellement, disait Isabel, Jamie est écossais à cent pour cent.

– Ce n'est pas ce que je veux dire, avait répondu l'amie. Il y a un certain type de regard qu'on trouve beaucoup en Écosse, que l'on peut presque qualifier de translucide. Au fond de ces yeux-là, ce que l'on voit, c'est un pays tout entier, à la lumière tamisée, aux couleurs passées : les couleurs de l'Écosse.

Elle était arrivée la première au restaurant. Levant les yeux, elle vit que le professeur Lettuce apparaissait à son tour à la porte, promenant sur la salle un regard de myope. Elle lui fit un signe de la main, qu'il ne vit pas. Un serveur, près de lui, la remarqua néanmoins et lui indiqua la table d'Isabel.

– Quel bon choix, déclara-t-il en s'installant. Je ne connaissais pas cet endroit.

Le ton était presque accusateur, comme si ce n'était pas le rôle d'Isabel de connaître les bons restaurants.

– Oui, c'est agréable, n'est-ce pas ? J'aime beaucoup la vue.

Lettuce se tourna sur son siège pour observer Chambers Street.

– Des toits, dit-il.

Isabel ne sut quoi répondre. Elle lui offrit le menu ; Lettuce ajusta ses lunettes pour le consulter.

– Mon estomac n'est plus ce qu'il était. Il vaut mieux que je ne prenne qu'une légère collation.

Une « collation » ? Le commun des mortels se contente de « déjeuner » : pour prendre une « collation », il faut vraiment être quelqu'un de très important.

– De toute façon, il ne faut pas manger avec excès, dit Isabel.

– Cela vous fait sourire, dit Lettuce en la dévisageant.

Elle nota qu'il avait une expression un peu maniérée, qu'on voit parfois chez les hommes corpulents, et qui contraste avec leur stature.

– Une idée qui me passait par la tête, répondit Isabel. J'ai tendance à imaginer des jeux de mots. Ça ne vous arrive jamais de suivre une idée saugrenue ?

– Non, pas du tout, dit-il en plissant le nez.

– Peut-être est-ce un trait de caractère féminin ?

– Je préfère que ce soit vous qui disiez cela. De nos jours, les hommes n'ont plus le droit de faire des généralisations sur ce qui se passe dans la tête des femmes. Par contre, vous autres femmes, vous pouvez dire ce que vous voulez au sujet des hommes.

Entendre ces mots dans la bouche du professeur Lettuce n'était pas très agréable, mais Isabel devait reconnaître que c'était vrai. Le tabou ne concerne que les hommes. Une femme aura toute latitude pour déclarer qu'un homme est incapable de faire plusieurs choses à la fois, mais pas question pour un homme de dire qu'une conductrice est moins douée qu'un homme pour faire une marche arrière. L'audacieux qui s'y risque se fait taxer de condescendance, de sexisme, ou de quelque autre péché en *isme*. C'est purement lié au contexte : on ne juge pas seulement ce qu'un homme dit, mais ce qui se disait autrefois. Ce qu'un homme dit aujourd'hui est remis dans un contexte passé, où les hommes ne se privaient pas d'éreinter les femmes et de se moquer de leur façon d'exécuter une marche arrière. Les femmes, à l'exception peut-être des Amazones du mythe, dénigrent moins les hommes, et leurs mots sont moins lourds de connotations négatives. On examine donc aujourd'hui les paroles d'un homme à la lumière de ce qu'une majorité d'entre eux pensaient autrefois. Mais c'est tout aussi répréhensible que d'accuser quelqu'un d'un délit simplement parce qu'il a un casier judiciaire. Les règles de procédure visent précisément à éviter cette dérive, au nom de la justice. Le professeur Lettuce avait donc raison de dénoncer une injustice. Cependant, elle n'avait pas envie de concéder ce point, du moins à lui, qui semblait désireux d'en découdre.

– Mais c'est vrai, n'est-ce pas ? s'écria Lettuce. Une femme peut dire ce qu'elle veut, mais un homme non. Impossible de déclarer publiquement qu'il existe des différences entre le cerveau d'un homme et celui d'une femme, qui déterminent comment ils réagissent au stress ou à l'art, ou qu'il y a des différences sur la façon de faire marche arrière en voiture.

L'exemple le fit rire. Elle vit que Lettuce parlait là au nom des hommes, de tous les hommes : c'était peut-être présomptueux. Elle avait du mal à imaginer qu'une majorité d'hommes se reconnût dans un homme comme lui.

– Je ne sais pas, répondit-elle. Après des siècles d'injustice, ou même d'oppression, il y a eu une période où les choses se sont inversées, et les victimes des injustices passées bénéficient de plus d'indulgence.

– Œil pour œil, dent pour dent, alors ? interrogea Lettuce en pinçant les lèvres avec désapprobation. La justice ne s'y retrouve pas, mademoiselle Dalhousie. Un adage un peu simpliste, mais qui sous-tend toutes ces tentatives qui visent à changer de force les structures sociales aujourd'hui, vous ne trouvez pas ?

Il l'avait toujours appelée mademoiselle Dalhousie, mais ce décorum visait surtout à l'exclure. À ses yeux, Isabel n'était pas une collègue ; de plus, elle était une femme, et il n'était pas à l'aise avec les femmes. Ce n'était pas plus compliqué que cela. Sans compter son ressentiment depuis qu'elle avait racheté la revue et réorganisé le comité de rédaction. Se voir évincé par une femme avait dû blesser profondément son amour-propre.

– Dans le passé, expliqua Isabel en choisissant ses mots avec prudence, les femmes ont été très mal traitées. Et dans certaines régions du monde, c'est toujours le cas : elles sont opprimées, on leur interdit d'étudier, on leur nie tout avenir.

– Pas dans ce pays, mademoiselle Dalhousie, interrompit Lettuce avec emportement. Pas dans ce pays.

– Vous en êtes vraiment sûr ?

– Les discriminations sont punies par la loi, répondit Lettuce, tremblant d'irritation, et personne n'empêche les femmes de faire des études. Il n'y a qu'à voir les inscriptions à l'université. Dans mes salles de cours, aujourd'hui, je ne vois que des femmes. Un homme par ci, par là, mais une grande majorité de femmes.

– Les filles ont de meilleurs résultats aux examens, dit Isabel d'un ton conciliant. Elles sont apparemment plus qualifiées.

– C'est justement parce qu'aujourd'hui, ce sont les garçons qui sont désavantagés, objecta Lettuce, de plus en plus énervé. Ils se sentent dévalorisés.

Au grand soulagement d'Isabel, le garçon apparut à leur table. Elle trouvait Lettuce antipathique mais ne voulait pas débattre avec lui. Son devoir était de faire preuve d'un minimum de charité.

– Vous avez raison, dit-elle, il faut faire quelque chose pour les garçons. Je suis d'accord sur ce point.

Les efforts d'Isabel semblèrent atténuer la rancœur de Lettuce.

– Oui, il faut faire quelque chose. Pas au détriment des filles bien sûr, mais il faut s'occuper des garçons.

Un terrain d'entente ainsi trouvé, ils passèrent leur commande.

– Je vais prendre cette salade, dit Lettuce en indiquant le menu. Qu'est-ce qu'il y a dedans ?

Le garçon se pencha sur le menu.

– De la laitue, des tomates, des olives, et de l'avocat.

– Parfait, dit Lettuce.

À son tour, Isabel fit son choix ; le garçon s'éloigna. Le silence s'établit pendant quelques instants.

– Vous vouliez me parler de quelque chose ?

Lettuce tourna la tête vers la fenêtre. Isabel devina qu'il n'osait pas croiser son regard.

– Il s'agit d'une histoire assez déplaisante, dont j'aurais préféré ne pas me mêler, dit-il enfin.

Il regardait toujours par la fenêtre. Isabel attendit. Il s'éclaircit la gorge avant de poursuivre.

– Christopher Dove a attiré mon attention sur une affaire regrettable. Je n'étais pas au courant moi-même, c'est lui qui m'en a informé, et je dois dire qu'il a bien fait.

Isabel ne bronchait pas, sachant exactement de quoi il était question. Christopher Dove avait donc impliqué Lettuce dans cette histoire. Elle aurait dû s'en douter depuis le début.

– Vous parlez de l'accusation de plagiat, n'est-ce pas ?

Lettuce fixait maintenant Isabel. Elle remarqua les deux petits plis de chair qu'il avait au bord des paupières.

– Précisément.

– Quand j'ai reçu un courrier de Christopher Dove à ce sujet, dit-elle, je me suis occupée de cette affaire.

– Vous vous en êtes occupée ?

Isabel respira profondément, sentant la tension monter en elle. La bataille était engagée.

– Absolument. Comme c'est la règle en pareil cas, j'ai écrit à l'auteur de l'article incriminé, en lui demandant d'expliquer pourquoi le passage en question semblait avoir été emprunté à quelqu'un d'autre.

– Vous avez donc écrit à... Comment s'appelle-t-il déjà ?

– Jones, le docteur Jones.

– Vous avez écrit au docteur Jones.

Isabel sentit la moutarde lui monter au nez. En quoi cela regardait-il Lettuce ? Dans les cas de plagiat, et d'ailleurs pour d'autres accusations, il y a une procédure établie à respecter. Lettuce le savait fort bien. Pendant les années où il présidait le comité de rédaction, il avait été plus d'une fois confronté à des allégations de plagiat.

– J'ai suivi la procédure habituelle, dit-elle, irritée. Vous savez très bien ce qu'il en est. J'ai écrit à l'auteur pour lui demander des explications.

– Et ?

Isabel se mordit la lèvre. Il la traitait vraiment comme si elle était à la barre des accusés.

– Il m'a répondu que c'était arrivé tout à fait par accident. Il a reconnu avoir lu l'autre article et pris des notes. Il pense qu'il a sans doute retranscrit un paragraphe ou deux, par inadvertance, dans son propre texte.

Lettuce la regardait d'un air presque triomphant.

– C'est vite fait, poursuivit-elle. On prend des notes et puis on oublie que telle ou telle phrase est en fait une citation mot pour mot. Ça vous est sûrement arrivé aussi.

Il poussa un soupir de dérision.

– C'est peu probable.

– Vraiment ?

– Je suis très vigilant dans ce domaine, tout le monde devrait l'être.

Isabel posa les mains à plat sur la table. Le geste la calma.

– J'ai pris acte de ce que m'a dit le docteur Jones. Dès le prochain numéro, je vais insérer une petite note sous la rubrique « Corrections », pour expliquer que l'article avait reproduit des passages sans citer ses sources, erreur maintenant réparée. *Cadit questio.*

– *Cadit questio !* s'exclama Lettuce. Au contraire, mademoiselle Dalhousie. *Cadit nihil !* Rien n'est réglé.

Isabel garda son sang-froid.

– Je ne vois pas ce que je peux faire d'autre, professeur Lettuce. Je crois avoir agi avec équité.

Lettuce tira d'une poche intérieure de son veston une feuille de papier pliée.

– Vraiment ? Hélas, sur ce point, je suis d'un avis différent, mademoiselle Dalhousie.

– Docteur Dalhousie, s'il vous plaît, riposta Isabel, les yeux rivés sur le papier. Je vous rappelle que j'ai un doctorat. Vous ne pouviez pas l'ignorer.

Lettuce ne tint pas compte de sa remarque.

– Je vais être au regret de vous demander votre démission, dit-il. Je sais que vous en êtes maintenant la propriétaire, mais la revue, c'est aussi son lectorat, et vous avez un devoir vis-à-vis des lecteurs, ainsi que vis-à-vis de la communauté philosophique tout entière. Franchement, je ne vois pas comment vous pourriez rester à votre poste.

Il tendit le papier à Isabel.

– Ceci est la photocopie d'une lettre écrite par l'auteur de l'article original, celui que Jones a copié. Cette lettre, il l'a écrite avant – je le répète, avant – la publication de l'article de Jones. Il vous avertit qu'il pense avoir été victime d'un plagiat de la part de Jones et vous demande de ne pas publier l'article incriminé. Mais évidemment, vous en connaissez le contenu, même si vous avez décidé de ne pas en tenir compte.

Isabel considéra la lettre avec stupéfaction. Elle lui était adressée, et Lettuce avait correctement résumé sa teneur.

– Cette lettre m'est effectivement adressée, mais je ne l'ai jamais vue.

– Vraiment ? dit Lettuce sur un petit ton ironique.

– Oui, vraiment, dit-elle en le regardant en face. Vraiment. Je vous le répète, au cas où vous n'auriez pas entendu : je n'ai jamais vu cette lettre.

– Ou bien vous avez préféré ne pas en tenir compte ? demanda Lettuce, l'air perplexe. Ne pensez-vous pas que c'est la conclusion que tout le monde va tirer ?

Isabel ferma les yeux un long moment, vaguement consciente que le garçon était en train de disposer leurs assiettes. Quand il s'éclipsa, elle regarda son plat. Impossible d'avaler la moindre bouchée. Lettuce, lui, avait commencé à déguster sa salade.

– Soit cette lettre est un faux, dit-elle calmement, soit elle n'est pas arrivée jusqu'à moi. Beaucoup de lettres se perdent dans la nature et je vois que cette personne m'écrit de l'étranger. Comme vous le savez, les lettres en provenance de l'étranger s'égarent plus souvent.

– Je voudrais pouvoir partager votre certitude, dit Lettuce après s'être tapoté la bouche avec sa serviette. De toute façon, je crains que cette histoire ne fasse très mauvais effet quand Christopher Dove la rendra publique.

Le silence qui suivit dura plusieurs minutes. Isabel ne bougeait pas. À nouveau, Lettuce s'essuya méticuleusement la bouche avec sa serviette. Il avait sur la joue une tache de vinaigrette, que la serviette n'avait pas éliminée.

– Je n'ai rien à me reprocher, dit-elle enfin. J'ai strictement suivi la procédure habituelle. Quand je vous assure que je n'ai jamais vu cette lettre, je dis la vérité. Manifestement vous ne me croyez pas.

Lettuce haussa les épaules.

– Peu importe que je vous croie ou non, Mademoiselle Dalhousie. Le problème c'est de savoir si les lecteurs de la revue et la communauté…

– La communauté philosophique tout entière, glissa Isabel en reprenant le terme qu'il avait utilisé auparavant.

– Si cette communauté va vous croire. C'est là la vraie question.

Isabel inspira profondément.

– Je vais vous dire ce que j'ai l'intention de faire, professeur Lettuce.

– Je vous en prie, répondit celui-ci en souriant d'un air triomphant.

– Je vais écrire à cette personne, dit Isabel en désignant la lettre, pour lui expliquer que je n'ai jamais reçu sa lettre. J'ajouterai que le docteur Jones m'a donné des explications et présenté des excuses, que j'ai acceptées.

– Non, non, interrompit Lettuce. Ce n'est pas suffisant. Vous…

– C'est insuffisant, je vous l'accorde, coupa Isabel. Je vais donc également écrire à votre ami Christopher Dove, pour lui dire que j'ai récemment découvert un exemple flagrant de plagiat dans ses propres écrits. Il s'agit d'un article qu'il a publié il y a quelques années, traitant de l'intérêt individuel. Je suis certaine que c'est tout à fait involontaire. J'ai noté les références exactes et je vous les ferai parvenir dès que je rentrerai chez moi. Ce serait peut-être utile d'en parler avec le professeur Dove.

Scrutant le visage de Lettuce, Isabel vit ses petits yeux s'ouvrir tout grand, son menton s'affaisser. Son œil fut attiré par la tache de vinaigrette.

– Vous avez de la sauce sur la joue, professeur. Là.

Pendant que Lettuce, troublé, utilisait sa serviette, Isabel entama l'assiette de *fettuccine* qu'elle avait commandée.

– Je suggère que nous parlions un peu de votre ami Dove, professeur.

– Mon ami ?

– Christopher Dove. J'ai toujours trouvé étrange qu'un universitaire de votre sang soit si proche de lui, étant donné sa réputation.

– Il a une excellente réputation, mademoiselle Dalhousie, dit Lettuce qui semblait avoir retrouvé son calme. Il est très estimé...

– Vous êtes l'un des rares à l'estimer, décréta Isabel. Mais peut-être n'êtes-vous pas au courant de la relation équivoque qu'il a eue avec une de ses jeunes thésardes. Vous ne savez peut-être pas que l'examinateur extérieur qui a visé la thèse de cette jeune fille a jugé nécessaire d'exprimer par écrit ses réserves auprès de l'université, accusant Dove d'avoir trafiqué son rapport sur cette thèse, et changé le ton de certaines remarques.

– Je ne peux pas le croire, s'écria Lettuce. Une coquille ou deux, pas plus.

– C'est la version qu'a préféré retenir l'université, poursuivit Isabel. Or, il se trouve que je connais un de ses collègues, et celui-ci m'a confié que Dove avait ordonné à la secrétaire du département de faire ces corrections. Comme elle avait peur de perdre son poste, elle a accepté.

– Balivernes, s'exclama Lettuce en plissant le nez, vulgaires rumeurs ! Je m'étonne que vous les répandiez, mademoiselle Dalhousie. Mais je ne devrais sans doute pas être surpris.

Il essayait en vain d'affecter un ton désapprobateur. Il a l'air d'avoir une mauvaise digestion, se dit Isabel. Il faiblit. Elle enroula des pâtes autour de sa fourchette.

– Je dois vous avouer, dit-elle négligemment, que je suis très déçue par votre attitude en ce qui concerne Christopher Dove. Vous semblez déterminé à ignorer une évidence qui crève les yeux. C'est d'autant plus dommage que les Presses universitaires de Cambridge m'ont demandé de leur recommander un chercheur chevronné pour préparer leur nouvelle édition de David Hume. Il se trouve que je connais bien leur responsable de publication.

– Hume ?

Lettuce s'était arrêté de manger.

– C'est une initiative éditoriale de grande ampleur, poursuivit Isabel. Cinq volumes sur dix ans, une grande conférence pour saluer la parution de chaque nouveau volume. Bloomington, dans l'Indiana. Tel-Aviv. Helsinki. Sienne. Sydney.

Il ne bougeait plus.

– La première aura lieu à Bloomington. Y êtes-vous déjà allé, professeur Lettuce ?

Rougissant légèrement, il fit non de la tête.

– Je m'y suis rendue il y a quelques années. Au printemps. C'était merveilleux, tout était en fleur. J'ai été gâtée, on m'a emmenée à la bibliothèque Lilly. Ils possèdent des collections extraordinaires, des manuscrits et des documents de toutes sortes, très bien catalogués. Et aussi une incroyable collection de livres miniatures, absolument minuscules, plus petits encore que cette olivette que vous essayez d'attraper. Ce qu'il faut faire, c'est l'empaler sur votre fourchette.

Il fallut au professeur Lettuce un peu de temps pour rassembler ses esprits. Isabel attendit en jouant avec ses pâtes dans son assiette ; elle sentait monter en elle une certaine compassion pour cet adversaire si vite découragé, pris entre le marteau de l'ambition et l'enclume de la loyauté envers un allié douteux. Il ressemblait à ces laitues gonflées d'air qui se réduisent à quelques minces feuilles vertes quand on les serre entre les mains. Même si Lettuce avait au moins dix ans de plus que Dove, il n'était pas le meneur. Isabel commençait à comprendre que Christopher Dove était l'instigateur de tous les complots concoctés par le duo. Dans le cas précis, Lettuce servait d'intermédiaire, et il avait senti le sol se dérober sous ses pas en entendant Isabel dénoncer les pratiques de son complice. Encore une fois, devant les efforts qu'il déployait pour reprendre pied, elle eut de la peine pour lui : on eût dit une grande baleine échouée sur un rivage, qui essaie désespérément de retourner dans l'eau. Un objet de pitié, et non de mépris.

– Je m'intéresse beaucoup à Hume, commença Lettuce.

Mais il n'alla pas plus loin. Isabel se pencha et lui posa la main sur le poignet.

– Je n'ai aucun désir de me battre avec vous, croyez-moi. Je ne vous en veux pas.

– Christopher m'a dit...

– Christopher Dove ne m'aime pas. Il a essayé de m'évincer de la direction de la revue, de façon tout à fait incorrecte. Je me suis défendue. Mais je suis prête à passer l'éponge, je vous assure. J'espère qu'il en va de même pour vous.

Lettuce, qui avait les yeux fixés sur elle, abaissa son regard sur la main d'Isabel posée sur son poignet, comme s'il avait du mal à comprendre, mais il ne la repoussa pas.

– J'ai bien peur que Christopher ne m'ait trompé, dit-il. Si c'est le cas, je crois que je vous dois des excuses.

– Que j'accepte bien volontiers, dit Isabel très vite. Oublions tout cela et parlons plutôt d'Hutcheson. C'est extraordinaire que l'influence de l'Âge des Lumières écossaises soit encore si forte, n'est-ce pas ?

Elle retira sa main et Lettuce retourna à sa salade.

– Vous avez raison, dit-il. Hutcheson n'a pas été reconnu comme il le mérite. Sa réflexion sur la moralité et le sens de la beauté n'a pas pris une ride. J'y consacre beaucoup de place dans mon nouveau livre.

– Très bien, dit Isabel. J'ai hâte de le lire.

– Lettuce n'est qu'une foutue bête, avoua-t-il en souriant.

La formule surprit Isabel, qui se sentait toujours gênée quand les gens parlaient d'eux-mêmes à la troisième personne, parce que cela trahit une dissociation du moi. Ici, la référence était plutôt comique. Encore une fois, elle lui tapota le poignet.

– Vous êtes humain, c'est tout. On fait tous des erreurs.

– Je vous remercie, dit-il avec une gratitude non feinte.

Elle inclina la tête. Elle ne s'était pas attendue à être remerciée. En règle générale, elle n'espérait jamais de remerciements. La reconnaissance est un art qui se perd. On accepte les choses, on considère que c'est un dû, et l'on ne sait plus dire merci. Malgré tous ses défauts, le professeur Lettuce avait du moins dit merci ; à son tour, elle lui en était reconnaissante.

Chapitre 12

Ce soir-là, pour le plus grand plaisir d'Isabel, Jamie annonça qu'il allait préparer le dîner : coquilles Saint-Jacques, haricots verts et gratin dauphinois. C'est elle qui lui avait appris à préparer les pommes de terre de cette façon et il n'en était pas peu fier.

– Autant que je sache, personne dans l'orchestre ne sait faire le gratin dauphinois, disait-il.

Charlie, dont le palais était très sophistiqué pour son âge, aimait ce plat et dédaignait les pommes de terre à l'eau.

– De qui tient-il ces goûts raffinés ? demanda Jamie en regardant Isabel avec insistance.

Isabel déclina toute responsabilité : même si elle appréciait les coquilles Saint-Jacques, les truffes et le saumon sauvage, elle savait se contenter de pommes de terre à l'eau.

– Son grand-père raffolait des plats très relevés : les crevettes sautées, les anges à cheval… c'est peut-être de lui que Charlie tient ça.

– Moi, quand j'étais enfant, on me donnait du bœuf haché et de la purée, dit Jamie. Et du riz au lait.

Le sempiternel bœuf-purée, plat traditionnel écossais.

– Estime-toi heureux d'avoir eu du bœuf ! dit Isabel. Rappelle-toi que certains enfants n'avaient que les pommes de terre : on les faisait passer au-dessus du plat de viande pour les imprégner du fumet. Le père avait seul le droit de manger la viande.

– Soit, nous avions du bœuf. Mais quand j'étais étudiant, je n'avais pas de réfrigérateur.

– Vraiment ? répondit Isabel, manifestant un intérêt poli.

– Eh ! oui. Et le chauffe-eau à gaz de la salle de bains était minuscule.

– Quelle misère…

– Tu peux rire. Aujourd'hui, les gens ont tout, dès la naissance.

Isabel regarda Charlie qui jouait dans son parc.

– Lui ne se souviendra pas du bœuf-purée, dit-elle, puisque de toute façon, il refuse d'en manger. C'est pareil pour le *haggis*, d'ailleurs. Et il n'imaginerait pas qu'on ait pu vivre sans le téléphone portable, Internet et toute l'information qu'on peut désirer en un seul clic. Sans parler des fichiers mp3 invisibles qui remplacent les CD.

– Et toi, tu te souviens des vinyles ?

Isabel avait effectivement des vinyles au grenier. Elle avait l'intention de monter une opération de sauvetage électronique, mais la remettait sans cesse au lendemain. La musique était plus tangible, plus réelle sous sa forme vinyle, comme si on perdait quelque chose en passant au format binaire. Les livres aussi risquaient de perdre leur substance en passant au numérique. On verrait disparaître rayonnages, bibliothèques, imprimeries, ateliers de reliure. Beaucoup de gens considèrent les livres comme des amis : cela semblait difficile dans le cas d'un fichier électronique.

– Il trouvera incroyable qu'à une époque on ait pu penser que l'eau, le carburant et la nourriture étaient inépuisables, ajouta Jamie.

– Probablement. Et comment croire qu'il y avait vraiment de la glace aux deux pôles, une jungle en Amazonie, des ours polaires, des éléphants ? Le monde dans lequel il vivra sera complètement différent du nôtre.

– Il l'est déjà, conclut Isabel.

Il la regarda. Ils venaient de partager un sentiment de perte, comme des amants qui doivent se séparer, des parents dont les enfants quittent la maison familiale ; ce genre d'instant que la perte imminente rend poignant. Personne n'accepte de gaieté de cœur de voir disparaître un monde familier.

Charlie fut expédié au lit. Il tombait de sommeil et s'endormit presque aussitôt. Isabel l'embrassa et lui donna l'animal en peluche qu'il affectionnait, mais il avait déjà sombré. Jamais elle n'aurait imaginé un bonheur plus parfait. C'est alors qu'elle se remémora les tentatives maladroites et irréalistes de Jock Dundas pour voir son fils : quelle chance elle avait, à tant de points de vue ! Elle éteignit la lampe de Charlie, ne laissant que la faible lueur de la veilleuse pour tenir à distance les fantômes et autres croquemitaines. Elle-même avait été la proie de terreurs nocturnes. Ses parents avaient essayé de la rassurer en lui disant que l'obscurité n'était que l'absence de lumière, rien de plus. Mais on ne croit pas ses parents, et d'ailleurs comment savoir si eux-mêmes n'étaient pas sous l'influence de ces créatures de la nuit ? Les fantômes hantent aussi les cœurs, c'est connu. Un poème lui revint soudain en mémoire et elle dut s'arrêter à la porte de la chambre.

Certains fantômes hantent les maisons
Celui-ci hante mon cœur
Et j'entends son pas léger

Elle descendit dans la cuisine, où Jamie était occupé à disposer des petits morceaux de saumon sur des tranches de pain de seigle fraîchement beurrées. Il leva la tête ; elle se dirigea vers lui, l'enlaça et l'embrassa. Il fut surpris. Ses doigts étaient poisseux et il ne pouvait pas la toucher.

– Pourquoi ?

– Pourquoi pas ? Je pensais à un poème que j'ai lu un jour, un fantôme qui hante les cœurs, et j'ai eu peur.

– Inutile d'avoir peur, je suis là, dit-il en souriant.

– Je sais.

Il s'essuya les mains sur un torchon et elle se dégagea.

– Dans le poème, dit Isabel, la femme attend le fantôme qui hante son cœur avec impatience. Elle n'a pas peur du tout.

Il détourna les yeux. Isabel faisait-elle allusion à Cat ? Cat ne le hantait plus du tout. Isabel elle-même n'était certainement plus hantée par John Liamor. Il prit la bouteille de vin qu'il avait ouverte et mise à rafraîchir dans un sac de glace, remplit deux verres et lui en tendit un.

– Tu as peur, parfois ? demanda Isabel.

Il réfléchit un instant. Enfant, il avait connu des moments terrifiants. À l'école, un jour, un garçon plus âgé qui l'avait pris pour souffre-douleur lui avait tordu le bras en arrière jusqu'à le faire crier de douleur. Jamie avait compris plus tard qu'il y avait là quelque chose de sexuel, mais il était trop innocent pour s'en rendre compte à l'époque. Le désir du garçon étant refoulé, l'amour s'était transformé en haine, comme cela arrive si souvent. Ce comportement incompréhensible l'avait effrayé.

– Autrefois, dit-il, j'avais peur de choses assez bizarres, mais aujourd'hui c'est fini. Ça ne m'est pas arrivé depuis longtemps. Et toi ?

– J'ai peur de vous perdre, j'ai peur pour Charlie, et pour toi.

– C'est le lot de tous les parents, dit Jamie, l'air soucieux. On a l'impression qu'un malheur va arriver si on ne fait pas ceci ou cela. On marchande avec le destin.

– Il faut éviter d'y penser, répondit Isabel en buvant une gorgée de vin, sinon…

– Exactement.

– Minty Auchterlonie, poursuivit Isabel. Elle a quelque chose d'effrayant. Elle ne me fait pas *vraiment* peur, non, mais je me sens…

– Inquiète ?

– Plus que ça. J'ai l'impression que si on se met en travers de sa route, elle peut se montrer vraiment vindicative.

Jamie haussa les épaules.

– C'est fort probable. Mais parfois… Tiens, aujourd'hui, j'ai rencontré Peter Stevenson dans Bruntsfield, chez le poissonnier. Il achetait des harengs fumés.

– C'est rassurant, dit Isabel en riant.

– C'est cette discussion sur Minty qui m'a fait y repenser, continua Jamie. On a bavardé un peu, il fallait que je remonte à Church Hill pour aller au supermarché. Je lui ai dit qu'on l'avait vue récemment. Tu te rappelles qu'il t'avait autrefois donné des renseignements sur elle ?

– Bien sûr.

– Il n'a toujours pas confiance en elle, tu sais. Dans cette histoire de délit d'initiés à laquelle Minty a été mêlée il y a quelques années, il est convaincu qu'elle t'a trompée. D'après lui, pas mal de gens, à Édimbourg, réprouvent ses façons de faire – même si elle dirige une banque.

Isabel était intéressée, mais sans plus : il n'y avait là rien de surprenant. Pour parvenir au sommet, surtout dans la finance, il faut naturellement être prêt à jouer des coudes. Minty avait dû se faire des ennemis.

– Et il a ajouté quelque chose qui m'a fait réfléchir. Je voulais te le dire en rentrant, mais j'ai oublié. Désolé.

Jamie avait entrepris de trancher les pommes de terre.

– Pourquoi dit-on « dauphinois » ? demanda-t-il.

– C'est probablement un plat des Alpes du Dauphiné, répondit Isabel sans en être très sûre. Il doit bien y avoir une explication plus romantique... Peut-être était-ce le plat favori du dauphin ?

La probabilité était faible, si on tenait compte de la courte durée du mariage entre le dauphin et Marie Stuart. Elle imagina Marie à la cour de France, offrant à son adolescent de mari un plat de gratin dauphinois.

– C'était une tragédie, dit-elle enfin.

Jamie posa les tranches de pomme de terre sur un lit de crème et d'ail.

– Quoi donc ?

– Le dauphin François. Ils avaient été mariés très jeunes, et pourtant Marie l'aimait sincèrement. Et voilà qu'il attrape une infection de l'oreille, qui provoque un abcès au cerveau. Son agonie a dû être atrocement douloureuse : l'oreille est si proche des centres vitaux. Peut-être y avait-il des plantes analgésiques à l'époque ? Ou de l'opium ? Sinon, tu imagines le cauchemar ?

– Minty, dit Jamie en revenant au sujet principal. Peter m'a dit qu'elle avait des ennuis, ou qu'elle risquait d'en avoir. Il est resté vague.

Ceci piqua immédiatement la curiosité d'Isabel. Parmi tous ses amis, Peter était le mieux informé. Il savait ce que la plupart des gens ignorent et restait discret, ceci expliquant cela. Peter Stevenson connaissait-il l'existence de Jock Dundas ? Savait-il que celui-ci était le père de Roderick ? C'était peu probable. Minty n'en avait certainement parlé à personne, de crainte que Gordon ne découvrît le secret. Édimbourg est un village, et les rumeurs voyagent vite, les vraies comme les fausses.

– Qu'est-ce qu'il t'a raconté exactement ?

– Il n'en a pas dit plus : Minty a des ennuis, et ça ne l'étonne pas. Il a ajouté qu'elle jouait gros jeu.

Isabel utilisait souvent cette métaphore, qui traduit bien l'idée de recherche du profit maximum, quitte à être trop gourmand et à en subir les conséquences. Cela s'appliquait tout à fait à Minty, à ceci près qu'elle donnait l'impression de s'en sortir impunément. À la tête d'une banque d'affaires, menant une vie aisée dans sa maison géorgienne avec vue sur les collines de Lammermuir, elle se retrouvait malgré tout en danger, pour avoir joué trop gros : c'était bien l'expression qui convenait. Quant à Christopher Dove, un dicton s'imposait : « Qui sème le vent… »

Elle regarda sa montre. Il n'était pas trop tard pour appeler Peter. S'il était chez lui, elle pouvait y être en dix minutes pour lui poser une ou deux questions, et elle serait rentrée en moins d'une heure, le temps que le gratin dauphinois soit prêt.

– Tu vas dire que je suis folle, mais je voudrais passer voir Peter. Est-ce que j'ai le temps pendant que ton gratin se dauphinoise ?

– Maintenant ? demanda Jamie en ouvrant de grands yeux. Ça ne peut pas attendre ?

Isabel, en tout cas, en était incapable. Si elle ne voyait pas Peter dans l'instant qui suivait, elle passerait la nuit à se demander ce qu'il avait voulu dire, serait trop fatiguée pour travailler le lendemain, prendrait du retard avec la revue, et l'angoisse l'empêcherait de trouver le sommeil la nuit suivante. Il fallait qu'elle le voie immédiatement.

– D'accord, dit Jamie en essayant de se montrer bon prince. Mais ne reste pas trop longtemps, le gratin dauphinois se ramollit si on attend trop.

Elle posa un baiser léger sur sa joue et alla téléphoner. Susie, la femme de Peter, lui confirma que Peter était dans le jardin avec le chien. Il serait ravi de voir Isabel. Susie n'avait pas même encore songé au dîner.

– On a déjeuné tard aujourd'hui, dit-elle.

Isabel endossa un manteau léger. La journée avait été chaude, mais les soirées sont souvent fraîches à Édimbourg, surtout quand le ciel est dégagé, et ce soir-là, il l'était. Elle prit même un foulard, puis se rendit à pied chez les Stevenson, qui habitaient un quartier voisin. Le court trajet avait pour Isabel l'attrait supplémentaire de lui faire traverser des endroits chargés de signification. En empruntant un raccourci, elle passa devant la maison d'Axel Philip, l'architecte qu'elle avait consulté en vue d'aménager sa maison, et devant celle du compositeur Haflidi Hallgrimsson, dont elle avait écouté la dernière œuvre peu de temps auparavant. Au coin de la rue habitait un homme politique connu, et plus loin, un autre de ses collègues. Ce dernier avait été l'objet d'une critique particulièrement cinglante, dont elle se souvenait encore dix ans plus tard. Elle se reprochait d'en sourire, mais c'était plus fort qu'elle. Avec une lucidité dévastatrice, un adversaire avait déclaré : « Il agit toujours selon sa conscience, et sa conscience coïncide toujours avec son intérêt. » La remarque manquait de charité ; la morale aurait peut-être voulu qu'elle chassât ces mots de son esprit, qu'elle entreprît une sorte de grand ménage de la mémoire, que tout le monde se trouverait bien de pratiquer à intervalles réguliers. Il serait bon de faire régulièrement une sorte de grand ménage de la mémoire ; cela permettrait aussi de libérer le cœur de ses fantômes.

La question est de savoir si on peut vraiment choisir les souvenirs que l'on souhaite garder. On pourrait imaginer qu'à côté des commémorations, il y ait des cérémonies de l'oubli. C'est juste concevable, même si le processus de la mémoire humaine est souvent complexe et incontrôlable. Si quelqu'un lui demandait d'oublier un événement embarrassant ou honteux, Isabel n'aurait aucune difficulté à dire : « J'ai oublié. » Cette leçon, une de ses anciennes condisciples se serait bien trouvée de la prendre à cœur. Chaque fois qu'elles se voyaient, celle-ci se plongeait avec délices dans les souvenirs d'école de leur douzième année, époque où elles avaient tourmenté un professeur vulnérable en imitant sa voix quand elle se tournait pour écrire au tableau, sans se rendre compte que cette femme manquait de confiance en elle et était incapable de se défendre des moqueries des élèves. Isabel avait toujours envie de dire « Ne me rappelle pas cet épisode », et elle n'en faisait rien, ne voulant pas avoir l'air de renier ce qu'elle avait été. Et pourtant, en termes de morale personnelle, elle ne se reconnaissait pas dans cette fillette de douze ans. Adulte, Isabel Dalhousie ne se serait jamais comportée comme la collégienne de jadis. Ce n'était pas elle, ce n'était plus elle.

À Church Hill, elle emprunta l'avenue qui menait chez les Stevenson. Peter était en train d'observer de près un massif de fleurs. Le chien annonça l'arrivée d'Isabel en aboyant.

– Je sais que c'est une heure bizarre pour te rendre visite, dit Isabel. Mais il y a une question dont j'aimerais te parler.

– Et ça ne pouvait pas attendre, demanda Peter en souriant. Ce que j'aime chez toi, c'est que tu es d'une impatience ! Allons nous asseoir sur ce banc, il fait assez chaud pour rester dehors, et assez jour encore. Ce qui me console dans nos étés écossais pourris, c'est la lumière, tu ne trouves pas ?

Isabel était d'accord. Après quelques instants de silence, Peter la regarda d'un air interrogateur.

– Minty Auchterlonie ? dit-il enfin.

Elle hocha la tête.

– J'avais deviné. Jamie t'a dit que nous nous sommes rencontrés chez le poissonnier ?

– Oui. Il paraît qu'elle a des ennuis ?

– C'est vrai.

Elle attendit qu'il en dise plus, mais quand il parla ce fut pour la questionner.

– Es-tu en train de... J'allais dire, de te mêler des affaires des autres, mais ce n'aurait pas été très gentil. Je sais que tu ne peux pas t'en empêcher.

Venant d'un autre, elle aurait mal accepté cette remarque, mais Peter était un vieil ami.

– Quand quelqu'un t'appelle à l'aide, ce n'est pas exactement la même chose. C'est elle qui m'a sollicitée.

– D'accord, concéda Peter. Je retire ce que j'ai dit.

– Et sache que je peux parfaitement me contrôler.

– Mais bien sûr, dit Peter avec élégance. Pour en revenir à Minty, est-ce que tu veux que je te raconte ce que je sais sur elle ?

– Tu le ferais vraiment ? demanda Isabel.

Était-il en train de la taquiner ?

– Je ne sais pas si je peux dire grand-chose, commença Peter en l'observant d'un air dubitatif.

– Je garderai tout pour moi, promit-elle. Je sais être discrète.

– Oh, j'en suis bien conscient. Mais je n'ai pas beaucoup de secrets à révéler, il s'agit plutôt de soupçons.

– Sur son honnêteté ?

– D'une certaine façon. L'honnêteté en affaires, ce n'est pas très facile à définir. Ça s'applique à ce que l'on dit, mais aussi à ce qu'on ne dit pas.

Isabel comprenait très bien ce qu'il voulait dire. Mentir par omission peut nuire. La difficulté, c'est de savoir à quel moment on a le devoir de parler.

– Apparemment, un investisseur de sa banque, un certain George Finesk, l'accuse d'avoir fait de la rétention d'information. Il est furieux et la menace de procès. Jusqu'ici il ne l'a pas fait, mais le bruit s'est répandu et ça compromet sa réputation.

– Et elle est coupable ?

– Peut-être, répondit Peter après avoir hésité. On ne peut pas vraiment l'accuser d'escroquerie, elle est trop intelligente pour enfreindre la loi. Moi, je dirais qu'elle n'est pas fiable. Elle fait des entorses aux principes quand elle y trouve son intérêt. Elle est parvenue très jeune au sommet de la hiérarchie, dans un monde d'hommes, et son bilan est impressionnant. C'est pourquoi on lui laisse souvent le bénéfice du doute, comme tu l'as fait d'ailleurs, et tu as eu tort, dans cette affaire de délit d'initiés. Elle s'est débrouillée pour faire rejaillir la responsabilité sur un collègue de son fiancé, en grande partie innocent. Je connais plusieurs autres cas où elle a utilisé des procédés douteux.

Isabel essaya de digérer ces informations. Peter ne disait rien à la légère ; son opinion de Minty reposait donc sur des arguments solides.

– Et ce George Finesk, qui est-ce ?

– En fait, répondit Peter, il se trouve que je le connais assez bien. Il avait autrefois une plantation de thé à Darjeeling. La famille Finesk est restée en Inde après l'Indépendance, ils ont survécu à une période difficile, politiquement et financièrement. George a hérité ce domaine de son père au milieu des années quatre-vingt. Il l'a dirigé pendant un certain temps avant de le revendre à un conglomérat bengalais. George adorait l'Inde mais la mère de sa femme, qui vit dans les Borders, est très âgée. Pour plusieurs raisons, il a préféré revenir. Ils avaient aussi des capitaux en Écosse : la famille de sa mère faisait du négoce à Glasgow. George les a utilisés pour créer un fonds d'investissement familial, qui marche très bien. Minty savait tout ça et quand elle a eu besoin d'un nouvel actionnaire, elle s'est naturellement tournée vers lui. George était intéressé, il a investi un million et demi. C'est une grosse somme, même pour lui.

Peter s'interrompit. Isabel réfléchissait à ce qu'elle venait d'entendre. Y avait-il un rapport entre les menaces que Minty avait reçues et le conflit qui l'opposait à George Finesk ? Ce dernier pouvait avoir décidé de harceler Minty à titre de représailles. Cela semblait improbable, mais à bien réfléchir, tout dans cette histoire était invraisemblable : qu'une femme comme Minty prenne un amant, qu'elle en ait un enfant, que le père de cet enfant manifeste soudain un violent désir de connaître son fils, et qu'enfin Isabel, une étrangère, soit sollicitée, lors d'un goûter d'anniversaire, pour jouer les intermédiaires. C'était pourtant l'improbable réalité.

– Qu'est-ce qui va se passer maintenant ? demanda Isabel.

Malgré les explications claires de Peter, elle se sentait dépassée, incapable de déjouer les calculs d'une femme comme Minty, qui évoluait comme un poisson dans l'eau dans le monde de la finance, dans lequel Isabel n'avait pas sa place.

– Tout dépend de George, dit Peter en haussant les épaules. Soit il continue à faire des difficultés, soit il abandonne. Minty et ses co-directeurs veulent sans doute étouffer l'affaire : ils craignent que George ne déballe tout sur la place publique, même si ça doit compromettre le capital qu'il a investi.

Ils restèrent sur le banc un petit moment encore, rejoints par Susie, qui leur apporta un apéritif de fleurs de sureau qu'elle faisait elle-même.

– Nous avons un sureau au fond du jardin. Il est toujours fidèle au rendez-vous.

– Moi aussi, j'en ai un. Tous les ans, je me dis que je vais faire du vin, et tous les ans, j'oublie, je remets à plus tard, ou je me trouve une excuse. Je n'ai aucune volonté.

– Mais si ! protesta Susie. Seulement, entre la revue, un bébé, un fiancé, tu as une vie bien remplie.

– Mais je pourrais quand même faire ça, ça ne prend pas beaucoup de temps.

– Il faut apprendre à poser des limites, dit Susie.

– Le problème, c'est de savoir où elles sont, observa Isabel.

– C'est vrai, dit Peter. Ça te semble trop difficile, c'est pour ça que tu te retrouves mêlée aux affaires des autres. C'est le cas ? Tu es impliquée dans les histoires de Minty ?

Il était vain de vouloir cacher quelque chose à Peter car il devinerait tout de suite. Pourtant, elle avait promis à Minty de ne parler de leur échange qu'à Jamie, et à personne d'autre.

– Un peu, répondit Isabel. Malheureusement, je ne peux rien dire. J'espère que tu ne m'en veux pas.

– Non, bien sûr, mais il faut que je te mette en garde. Cette femme est dangereuse. Sois très prudente.

Susie avait l'air inquiète.

– Je ne l'ai jamais aimée, dit-elle doucement. Elle est…

Elle cherchait le mot juste, parce qu'elle était charitable.

– Diabolique, suggéra Peter. Susie est trop gentille.

Isabel contempla l'araucaria qui poussait devant la serre. Même s'il y avait quelque chose d'impitoyable chez Minty, elle n'était peut-être pas si mauvaise, au fond. Nombreux sont ceux qui sont prêts à écraser les autres sur leur chemin par excès d'ambition, mais faut-il les diaboliser pour autant ? Le mal, dans sa forme extrême, la perversité glaçante et délibérée, combine le mépris total des sentiments d'autrui et le désir de faire souffrir. Malgré l'égoïsme et la cupidité qui caractérisaient Minty, Isabel n'avait pas d'éléments suffisants pour la classer d'emblée dans cette catégorie. Elle préférait réserver son jugement.

Elle rentra plus tard que prévu. Elle trouva Jamie dans la cuisine, en train de contempler, l'air piteux, un plat rouge Le Creuset, posé sur la paillasse. Il leva les yeux brièvement à son entrée.

– Ton gratin dauphinois ?

– Oui, dit-il. Brûlé, fichu. Je l'ai mis au four et je suis allé joué du piano. Je l'ai complètement oublié.

– Et je suis en retard, c'est de ma faute. Je suis désolée.

– Ce n'est pas de ta faute, dit-il, c'est de la mienne.

Elle traversa la pièce pour l'enlacer.

– Jamie chéri.

Elle eut l'impression qu'il lui résistait. Son corps semblait tendu, prêt à bondir. Elle lui caressa la joue avec le dos de la main, doucement, comme pour voir s'il avait la fièvre. Sa peau était douce. Il ouvrit les yeux, elle remarqua à nouveau les taches de couleur.

– Ce n'est pas pour le gratin dauphinois que je t'aime, dit-elle.

Ils éclatèrent de rire.

– Ni parce que tu joues du basson, continua Isabel, ou parce que tes cheveux ont ce petit cran devant ou parce que tu sors de ton chapeau des jolies petites chansons.

– Arrête.

– Pourquoi ?

– Tu me fais rire, et je n'ai pas envie de rire. Je veux être fâché.

Elle se détacha de lui, souriant de plaisir.

– Regarde, dit-elle. il suffit d'enlever la couche supérieure, comme ça. En dessous, c'est bon. On va manger du gratin dauphinois quand même.

Il fit ce qu'elle disait, posant les parties brûlées sur une assiette.

– Quelqu'un t'a appelée, dit-il en jetant le contenu de l'assiette dans la poubelle.

– Qui ? demanda Isabel en se léchant un doigt.

– Il n'a pas voulu donner son nom. Il t'a demandée et a raccroché immédiatement quand j'ai dit que tu n'étais pas là. Très mal élevé.

– Tu as reconnu la voix ? demanda Isabel avec un pincement d'inquiétude.

– Non.

– Écossais ?

– Peut-être, répondit Jamie en hésitant. Oui, sans doute. Pas beaucoup d'accent, pas d'accent du tout, en fait.

– Une voix d'avocat ?

– À quoi ça ressemble ? demanda Jamie, perplexe. En fait, oui, peut-être.

Chapitre 13

À neuf heures le lendemain matin, elle était sur le point de téléphoner à Jock Dundas quand soudain, Jamie l'appela du jardin en criant. Jamie et Charlie jouaient sur la pelouse avec le chariot rouge que celui-ci adorait et elle pensa immédiatement au pire : Charlie était tombé du chariot, il s'était blessé, il avait avalé quelque chose et ne pouvait plus respirer. Toutes ces possibilités se bousculaient dans son imagination pendant qu'elle courait vers le jardin en passant par la porte de derrière.

Jamie était au milieu de la pelouse et Charlie – quel soulagement –, installé tranquillement dans son chariot, levant la tête vers son père sans comprendre pourquoi la promenade s'était arrêtée. En général, on peut compter sur les adultes, mais il y a parfois des interruptions de service incompréhensibles.

Jamie fit signe à Isabel de le rejoindre.

– Là, dit-il, près de cette grosse…

– … azalée ?

– Oui, le massif aux fleurs rouges.

– Quoi ? demanda Isabel en écarquillant les yeux.

– Maître Renard. En dessous.

Elle avait du mal à percer l'obscurité sous les branches du massif : cette masse rouge était-elle un renard, ou un tas de feuilles mortes ?

– On était là, dit Jamie. Il est passé tout près de nous en traînant la patte. Il est blessé, et c'est assez grave à mon avis.

Isabel croyait maintenant deviner le renard ; il bougea la queue, elle crut distinguer ce qui semblait être sa hanche. Elle fit quelques pas. Le renard était tout près et dut l'entendre approcher. Les feuilles s'écartèrent soudain et il émergea, la tête au ras du sol, le corps étrangement tordu. Elle vit la tache noire sur son flanc, poils et sang séché.

Maître Renard s'arrêta et regarda Isabel, la tête toujours baissée, puis il retourna dans le taillis, vers le mur du fond. Elle s'immobilisa. Elle aurait voulu le soigner, mais elle savait que c'était impossible ; elle se ferait mordre et cela ne ferait qu'empirer les choses.

Elle revint auprès de Jamie. Il avait pris Charlie dans ses bras et le petit garçon regardait sa mère d'un air très intéressé.

– Tu as vu cette blessure ? demanda Isabel.

Jamie fit la grimace. Contrairement à Isabel, il tolérait mal la vue du sang. « Imagine que c'est de la sauce tomate », lui avait-elle dit un jour. Mais le remède avait été pire que le mal : depuis, quand il voyait de la sauce tomate, il pensait au sang.

– Ça n'a pas l'air très joli, répondit-il.

– Tu crois qu'on lui a tiré dessus ?

Jamie secoua la tête. Maître Renard comptait quelques ennemis dans le quartier, mais ils n'étaient probablement pas armés.

– Un chien peut-être ? Comme dit le petit renard de l'histoire : « Est-ce qu'il y aura des chiens ? »

Isabel frissonna ; elle n'aimait pas la chasse à courre et ne comprenait pas qu'on se déguisât pour tuer. S'il fallait éliminer les renards pour protéger les élevages d'agneaux, mieux valait le faire avec regret plutôt qu'avec plaisir.

– Il a un problème d'équilibre. Quand il est sorti, on aurait dit qu'il titubait.

Pour Isabel, c'était tout bonnement un être vivant qui avait besoin d'aide.

– Il faut faire quelque chose.

– Oui.

Alors qu'ils se dirigeaient vers la maison, Isabel se souvint du type de Dalkeith et de ses pièges à renard. Jamais elle n'aurait imaginé recourir à ses services, mais le moment était peut-être venu. Il leur était impossible de l'attraper seuls, il fallait le piéger. Une fois le renard prisonnier, ils appelleraient le vétérinaire pour qu'il nettoie la blessure. Sinon, Maître Renard guérirait spontanément, comme cela arrive dans la nature. Ou bien il agoniserait lentement – comme cela arrive aussi dans la nature. Isabel craignait que la seconde hypothèse ne fût la plus probable.

– Je vais téléphoner au type de Dalkeith, déclara Isabel. Son numéro doit être dans l'annuaire. Rubrique « Nuisibles ».

– L'exterminateur, quoi.

Ils rentrèrent. Charlie commençait à pleurnicher : réveillé à six heures du matin, il était prêt pour sa sieste. Pendant que Jamie le montait dans sa chambre, Isabel alla récupérer l'annuaire dans le tiroir de son bureau et le feuilleta. « Peintres-décorateurs – Travail de qualité depuis 2001 ». Et avant cette date ? « Pommes de terre, négociants », et enfin « Ravageurs et Nuisibles, Conseil ». Le logo, très voyant, montrait une horde de cafards, de guêpes et de taupes battant en retraite, pris de panique. Pour Isabel, les taupes n'étaient pas nuisibles ; il faut dire aussi qu'aucune ne s'était jamais avisée de creuser des galeries dans sa pelouse. Peut-être changerait-elle d'attitude si les taupes passaient à l'attaque. Ainsi donc, William McClarty, de Peebles Street, à Dalkeith, était un chasseur de taupes. Petite, elle avait appris par cœur un poème au sujet d'une taupe, si touchante avec son manteau de velours et ses petites pattes qu'elle suscitait la pitié de tous, sauf du chasseur qui apparaissait comme la personnification de la vengeance.

L'annuaire proposait deux numéros, l'un suivi du mot « maison », l'autre, des mots « le reste du temps ». À la maison, elle n'eut pas de succès. Elle imagina le téléphone sonner au domicile du chasseur de taupes : le couloir désert, un chien aboyant à cause du bruit insistant, et le chasseur parti en campagne, faisant reculer des armées de nuisibles. Elle composa l'autre numéro et l'homme en question – ou du moins le crut-elle – répondit immédiatement.

– C'est son frère, dit la voix. Vous voulez parler à Billy ?

Elle répondit par l'affirmative et l'autre lui demanda de patienter. Le chasseur avait donc un frère qui...

– Billy McClarty.

Elle se présenta.

– J'ai un renard, ajouta-t-elle.

– Ça, il y en a beaucoup à Édimbourg. Ils se reproduisent comme des catho...

Il s'arrêta juste à temps.

– Comme je sais pas quoi, conclut-il.

Isabel était médusée. Elle n'avait pas entendu cette expression depuis des années, elle la pensait disparue. Et pourtant ce prénom, « Billy »... C'était peut-être un indice : Billy McClarty était un *Orangeman*[1].

– Comme des lapins, vous voulez dire.

Billy McClarty resta silencieux un moment.

– Vous voulez le supprimer ?

Isabel frémit. Elle avait soudain l'impression de conspirer avec un tueur à gages, ce qui était d'ailleurs un peu vrai. Leur victime potentielle était

1. Protestant irlandais ou écossais anti-catholique (d'après Guillaume III d'Orange, victorieux contre les catholiques de Jacques II en 1690).

un être vivant, doté d'une mémoire, de projets, d'une famille, d'un certain sens de son identité en quelque sorte. Une pensée saugrenue lui traversa l'esprit : elle pourrait demander à Billy McClarty de préparer une grande cage dans le jardin potager, avec un appât, pour attraper Minty. Dans son cas, le meilleur appât serait à coup sûr l'argent : pas besoin de chercher bien loin.

– Non, non.

– Je peux pas le tuer chez vous, continua Billy McClarty, sinon j'aurai des ennuis avec les voisins. Au fait, vous êtes où exactement ?

Quand Isabel lui donna l'adresse, il émit un petit grognement. Il connaissait le quartier.

– Le problème dans le coin, c'est que des tas de gens les encouragent. Il a même une folle qui leur donne du poulet. Si on le tuait, elle serait pas très contente, croyez pas ?

Isabel ne répondit rien : la folle, c'était elle. Un voisin avait donc envisagé d'attraper Maître Renard ; sinon, comment Billy McClarty connaîtrait-il ces détails ? L'idée était extrêmement déplaisante : Maître Renard lui appartenait.

– Je l'aime bien, dit-elle, décidée à s'expliquer. Je sais que vous ne serez pas d'accord avec moi, mais j'aime bien ce renard. Et c'est vrai que je lui donne du poulet. Il a autant le droit d'exister que vous, monsieur McClarty.

– Ah ouais ?

Billy McClarty n'avait pas l'air surpris.

– Ouais. Maintenant, on se comprend.

– D'accord. Jusqu'ici, personne m'a demandé de l'attraper.

– Moi, je vous le demande, dit Isabel. Il est blessé et je veux que le vétérinaire puisse le voir.

– Cent livres, dit Billy.

Isabel n'avait aucune idée de ce que pouvait coûter ce genre d'opération. Cent livres semblaient une grosse somme. Cinquante, peut-être ? À l'évidence il la faisait payer le prix fort.

– Cinquante ?

– Avec cinquante, vous aurez la moitié d'un renard, répondit Billy. À vous de choisir. Cinquante pour une moitié, cent pour l'animal entier.

Elle céda et ils fixèrent un rendez-vous. Billy essaierait de venir vers quatre heures de l'après-midi. Isabel devait préparer un poulet rôti, ou si possible, un faisan.

– Ils peuvent pas résister au faisan. Attention, s'il est malade, il refusera de manger, même du faisan. On verra.

Avant de raccrocher, Isabel avait une autre cartouche à brûler.

– Une dernière chose, monsieur McClarty. Je ne suis pas folle.

– Je voulais pas vous manquer de respect, répondit Billy McClarty en riant.

– Vous savez, ce n'est pas très agréable de se faire traiter de folle…

Elle s'en tint là. Il se servirait à rien de faire la leçon à Billy McClarty : cela ne ferait que le conforter dans son opinion. De plus, elle avait besoin de lui ; ou plutôt, c'est Maître Renard qui avait besoin de lui. Elle fut frappée par le paradoxe : ce prêtre de Némésis allait devenir le sauveteur de Maître Renard.

Elle avait décidé qu'il valait mieux rendre visite à Jock Dundas. Une conversation téléphonique, suffisante pour un banal échange, n'aurait pas permis de jauger les réactions de son interlocuteur. Minty lui avait donné le nom du cabinet qui employait Jock, et Isabel avait tout simplement pris rendez-vous avec sa secrétaire ce matin-là. Elle regarda sa montre : en partant maintenant à pied pour le West End, elle arriverait quelques minutes en avance pour son rendez-vous.

Elle choisit de passer par le pont qui part de Harrison Gardens et de suivre le chemin de halage jusqu'au bassin de Fountainbridge. Elle croisa peu de monde : deux ou trois personnes qui promenaient leur chien, deux joggers en sueur et hors d'haleine discutant passionnément, un adolescent à bicyclette portant un blouson en cuir sur lequel était inscrit en lettres rouges le mot « Commando d'Elite ». Qui attaquait qui, et pourquoi ? Il avait le teint blême, un peu comme Eddie, et ne semblait pas très belliqueux, ce qui expliquait sans doute l'inscription. En général, les membres d'un commando préfèrent être plus discrets.

Du canal, on a un point de vue original sur la ville : des immeubles aux murs de pierre brute montrant au verso leur dallage irrégulier, les petits jardins de derrière avec du linge qui sèche, des ponts de pierre voûtés, une brasserie désaffectée. Dans le bassin, là où le canal se termine brusquement, des péniches peintes de couleurs vives sont amarrées, leurs cheminées en fer-blanc crachant de la fumée, bicyclettes et autres objets familiers entassés sur le pont. Isabel aimait ces recoins où l'identité de la ville est la plus marquée. Le monde extérieur voit l'Édimbourg officielle, les élégantes places géorgiennes, l'alignement des drapeaux flottant sur Princes Street, les orchestres, les spectacles, tout en ignorant ces cours arrière, les petites allées, les rues où vivent les gens ordinaires. Mais il est tout à fait possible d'aimer à la fois l'Écosse romantique des affiches touristiques et l'Écosse sans fard de la vie quotidienne. Elle les aimait toutes deux et n'avait pas honte, contrairement à beaucoup, de la vision romancée. Le mythe peut être aussi nourrissant que la réalité, et parfois même plus.

Elle quitta le bassin et se dirigea vers Lothian Road. Comme cela se voit souvent dans les grandes villes, Édimbourg peut changer du tout au tout d'une rue à l'autre. Lothian Road n'est que circulation et agitation, restaurants italiens bon marché, spaghettis bolognaise comme plat du jour, bars louches où les videurs sont des boxeurs en costume noir, dont le nez cassé trahit le métier. Isabel n'aimait pas cette rue et aurait préféré qu'elle n'existât pas, mais elle reconnaissait son utilité. Le soir, les soldats descendaient de la caserne de Redford, pour boire comme des trous et draguer les filles. S'il y avait du sang sur les trottoirs écossais aujourd'hui, c'était à cause de vieilles blessures : privations, cruauté, exploitation, injustices d'un passé reculé.

À nouveau, l'atmosphère morose de Lothian Road s'effaçait pour laisser place à l'Édimbourg du droit et de la finance. Parmi d'autres entrées discrètes, tout au bord de Charlotte Square, se trouvait celle du cabinet d'avocats McGregor et Fraser. Elle entra dans une salle d'attente assez semblable au grand salon des appartements géorgiens qui se trouvaient à quelques centaines de mètres de là. Un canapé et des fauteuils entouraient une table basse où les journaux du jour voisinaient avec des revues de chasse, de décoration, et *The Economist*. Il régnait dans la pièce un calme qui tranchait avec le fond de commerce du cabinet, c'est-à-dire la gestion des conflits, recherche de l'intérêt personnel. Ailleurs dans l'immeuble, des hommes en chemise surveillaient des marchés instables ou préparaient des procès. Ici, le climat était tout autre.

La réceptionniste qui avait accueilli Isabel sourit, murmura quelques mots au téléphone et invita Isabel à s'asseoir.

– Monsieur Dundas arrive tout de suite.

Il fut en effet très prompt. En l'attendant, Isabel avait parcouru un article consacré à un appartement délabré de Glasgow, qu'un couple venait de métamorphoser pour y organiser des réceptions chic. George *(à gauche)* et Alice *(à droite)* s'étaient rencontrés aux Beaux-Arts, ils avaient étudié le design. *Nous aimions tous les deux le rouge*, déclare George. *Ça nous a liés*, affirme Alice. *L'amour des rouges nous a rapprochés.* L'appartement de Glasgow, *d'un beige absolument atroce, on a failli vomir quand on l'a vu la première fois*, avait été repeint en rouge. *George connaissait un type, à Londres, formé par Lord Linley, qui fabriquait de très beaux meubles sur commande. On voyait ses œuvres partout...*

Elle s'arracha avec réticence à cette lecture. Elle n'en saurait jamais davantage sur George et Alice, mais elle pouvait dormir tranquille : ils continueraient à être liés par l'amour de la couleur rouge.

Elle se leva. Jock Dundas était sur le seuil de la porte. À son air grave, elle sut tout de suite que son instinct ne l'avait pas trompée.

– Par ici, s'il vous plaît, dit-il.

Ils empruntèrent un petit couloir au bout duquel une porte entrouverte donnait sur la petite salle de réunion, elle aussi meublée d'acajou sombre, où les avocats recevaient les clients.

– Asseyez-vous, je vous en prie.

– Merci.

Il ferma la porte et alla s'asseoir. Isabel étudia son visage. Jock Dundas avait peur. Derrière la carapace de compétence professionnelle, d'assurance et de politesse, elle devinait son appréhension. Il parla le premier.

– Pourquoi êtes-vous venue me voir ?

– Je crois que vous m'avez appelée hier.

– Je n'ai pas laissé de message. J'aurais peut-être dû.

Son regard était fuyant.

– Vous avez peur, monsieur Dundas ?

Il leva soudain la tête.

– Naturellement.

– Je peux vous demander de quoi vous avez peur ?

– De vous, bredouilla-t-il en baissant la tête.

La surprise empêcha Isabel de répondre.

– Vous ne vous attendiez pas à ça ?

– Bien sûr que non, rétorqua Isabel qui avait retrouvé son sang-froid. Pourquoi auriez-vous peur de moi ? C'est ridicule.

Mais il n'avait pas parlé à la légère.

– C'est vraiment ridicule ? Est-ce que ça ne fait pas partie de votre technique d'intimidation ?

– Quoi ? s'écria Isabel en haussant la voix.

– In-ti-mi-da-tion, répéta-t-il en détachant chaque syllabe.

Isabel se pencha en avant.

– Je ne comprends toujours pas, monsieur Dundas.

À son tour, Jock Dundas vit qu'Isabel disait la vérité. Il changea soudain d'attitude.

– Vous n'êtes pas ce que prétend Margaret Wilson ?

Isabel écarta les bras pour montrer sa perplexité.

– Je ne sais pas ce que dit Margaret Wilson.

Margaret Wilson ? Le nom lui était vaguement familier, peut-être parce que chacun des deux termes l'était. Elle connaissait quantité de Margaret, et quantité de Wilson aussi. Elle n'arrivait pourtant pas à situer cette Margaret Wilson.

Jock Dundas s'était redressé. Son air défait avait disparu, il redevenait l'avocat sûr de lui, sur son propre terrain.

– Et je ne sais pas qui est Margaret Wilson, ajouta Isabel. Du moins je ne crois pas.

– Margaret Wilson est une collègue de Minty. Et ce sont des amies très proches.

– Je vois. Et alors ?

– Elle est venue me voir après notre rencontre au jardin botanique. Elle voulait me mettre en garde.

Jock Dundas avait tiré un stylo de sa poche et se mit à ôter et remettre le capuchon machinalement. Isabel observa qu'il avait les doigts bronzés, les ongles soigneusement manucurés. Il était élégant. Mais jamais Minty n'aurait fréquenté quelqu'un de grossier.

– Margaret m'a dit, poursuivit Jock, que Minty avait engagé une sorte d'exécutrice des basses œuvres. C'est le mot qu'elle a utilisé.

Isabel eut envie de rire tellement c'était absurde. Comme ces hommes de main qu'utilisent les malfrats pour faire pression sur leurs victimes ?

– Une exécutrice ?

– Elle a même dit que vous étiez très subtile, dit-il en hochant la tête.

– C'est déjà ça, mais je n'ai pas vraiment envie de passer pour une *mafiosa*.

Elle n'était pas très sûre que l'italien ait une version féminine de *mafioso*. Sans doute pas, puisque la mafia est par tradition exclusivement composée d'hommes.

– D'après elle, votre spécialité est de compromettre la réputation des gens. Vous seriez capable de détruire complètement une réputation professionnelle en répandant des calomnies.

– Je vois.

– Elle m'a dit que vous feriez tout pour que je ne sois pas nommé associé dans ce cabinet.

Il lança un bref coup d'œil par-dessus son épaule.

– Ce cabinet est assez conservateur, vous le savez peut-être... Ça n'aiderait pas ma carrière si les associés étaient au courant de...

Il n'acheva pas sa phrase.

– De votre liaison avec une femme mariée ? et mariée à un homme important comme Gordon ?

– D'après elle, vous êtes capable de me détruire par d'autres moyens encore, elle n'a pas précisé lesquels.

– Je suppose que ça existe, mais comme je ne suis pas un homme de main, je ne les connais pas.

Il se renfonça dans sa chaise.

– C'est pour ça que j'ai essayé de vous contacter. Pour vous dire que j'abandonne mes exigences au sujet de Roderick. Comme je ne vous ai pas eue, j'ai appelé Margaret et lui ai demandé de transmettre le message à Minty. Je me retire, j'abandonne tout, elle n'entendra plus parler de moi.

Tout en écoutant, Isabel essayait de remettre du sens dans tous ces événements. C'était très clair. Minty l'avait utilisée pour faire peur à Jock Dundas. Elle aurait pu le menacer elle-même, mais ça n'aurait pas eu le même effet. Faire croire qu'on a engagé quelqu'un – une personne présentée comme sans scrupules – donnait un tour nouveau à la situation.

C'est beaucoup plus angoissant d'avoir deux ennemis au lieu d'un.

– Est-ce que je peux vous poser une question ?

– Oui.

– Si je vous disais que c'est une histoire à dormir debout, que si je vous ai parlé l'autre jour, c'est uniquement pour rendre service à Minty, sans aucune intention de vous menacer... Si je vous disais tout ça, vous abandonneriez quand même vos droits sur Roderick ?

– Oui.

– Pour votre carrière ?

Il lui fallut quelque temps pour répondre.

– C'est vrai, je l'avoue. Vous n'approuvez pas, n'est-ce pas ?

Isabel pensa soudain à T. S. Eliot. Ici il s'agissait vraiment de faire le bon choix pour de mauvaises raisons. Elle garda ses pensées pour elle.

– Je pense que c'est plus sage, dit-elle. Sincèrement.

Elle se leva et lui tendit la main.

– Serrons-nous la main. Nous n'avons plus rien à nous dire.

Mais elle réalisa qu'elle avait encore quelque chose à ajouter.

– Nous avons tous les deux été trompés par la même femme, dit-elle.

Jock resta pensif quelques instants, avant de hocher la tête.

– C'est vrai, concéda-t-il.

– J'espère que vous trouverez quelqu'un d'autre, quelqu'un qui a déjà un enfant ou plusieurs. Être beau-père, c'est bien aussi, lorsqu'on ne peut pas être père.

Ils se serrèrent le main. Il avait les mains douces, comme celles d'une femme ou même d'une jeune fille. Elle remarqua qu'il portait une eau de toilette au bois de santal, comme celle qu'elle avait offerte à Jamie pour Noël. Le parfum s'était évaporé parce qu'il avait oublié de reboucher le flacon.

– Est-ce que c'était vraiment une erreur, Jamie ? Ou est-ce que c'est ton inconscient, sachant que tu ne voulais pas la mettre, qui t'a poussé ?

– Pourquoi est-ce qu'il faut toujours que tu compliques tout ? avait-il demandé en souriant.

Ce n'était pas une dispute, mais autour des raisons qui motivent l'action ou l'inaction.

CHAPITRE 14

En quittant le cabinet d'avocats, elle fit quelques pas jusqu'à Charlotte Square. Il était presque midi et elle n'avait pas de projet immédiat. Grace s'occupait de Charlie jusqu'à deux heures : elle l'avait emmené déjeuner chez Annie, une amie qui fréquentait le même cercle de spiritisme. Sans l'avoir jamais rencontrée, Isabel avait beaucoup entendu parler de cette Annie, originaire de l'île de Mull, qui possédait un remarquable don de seconde vue.

« C'est fréquent chez les insulaires, disait Grace. Ils voient des choses que nous ne voyons pas. Annie prévoit souvent le temps qu'il va faire. C'est très troublant. » Sur le point de suggérer qu'Annie écoutait peut-être le bulletin météo, Isabel s'était ravisée. Elle savait qu'il était inutile de discuter de ces questions avec Grace, celle-ci interprétant le moindre désaccord comme une remise en cause radicale de ses croyances. En outre, Grace sortait renforcée de tels échanges.

– Attendez de passer de l'autre côté, avait-elle marmonné un jour. Vous verrez.

Isabel avait réfléchi à la question. Elle était assez tolérante pour admettre que le moi – ou l'âme, comme on veut – peut fort bien avoir une existence extracorporelle susceptible de survivre à la mort des tissus du cerveau qui lui servent de support. Exclure cette possibilité lui paraissait relever du domaine de la foi, tout autant que soutenir mordicus le contraire. Cette conviction lui permettait de concéder que Grace avait peut-être raison. C'était aussi une façon de tolérer la spiritualité dans sa tentative de montrer qu'il y avait quelque chose au-delà du visible et du tangible.

Un soir, alors qu'ils étaient assis sur la pelouse du jardin, Jamie lui avait posé la question.

– Est-ce que tu crois en…

Il avait écarté les mains pour délimiter une sorte d'espace. Dans cet espace, Isabel présumait qu'il mettait Dieu.

– Tu me demandes si je crois en Dieu, c'est ça ?

Après tout, il aurait tout aussi bien pu vouloir lui demander : « Est-ce que tu crois à l'indépendance de l'Écosse ? », ou bien « Est-ce que tu crois qu'il faut mettre le lait avant le thé dans la tasse ? » Questions importantes, qui cependant tournent court très vite.

Il avait cueilli un brin d'herbe et le déchirait en lambeaux. Quelle complexité et quelle perfection dans la composition de ce petit fragment de végétation !

– Oui, c'est à peu près ça, avait dit Jamie.

– Et toi ?

– Non, toi d'abord. C'est moi qui ai posé la question.

Les enfants se lancent ce genre de défi : tu sautes d'abord, non toi, non toi d'abord et moi après. Elle s'était allongée sur l'herbe : la nuit était chaude, et la pelouse exhalait son parfum dans le crépuscule grandissant. La terre respire, pensait Isabel.

– Je ne sais pas. Je ne crois pas à un dieu à la longue barbe blanche, évidemment. Pourtant, je devine une entité qui me dépasse. Je ne sais pas s'il faut l'appeler Dieu à proprement parler, c'est simplement une possibilité.

Il l'écoutait si attentivement qu'elle avait compris, en tournant légèrement la tête pour l'observer, que c'était pour lui une des conversations les plus intimes qu'ils aient jamais eues. Parler de Dieu est beaucoup plus hardi que parler de sexualité. Le corps dévêtu n'est jamais aussi dénudé qu'une âme mise à nu.

– Et toi ? avait demandé Isabel doucement.

– Ce n'est pas le genre de choses auxquelles je pense souvent.

Elle avait été contente de sa réponse. Elle n'aurait pas aimé lui découvrir une certitude jusque-là cachée. Et une foi qui exclut le doute a quelque chose de déplaisant.

– Tu n'es pas athée à cent pour cent ? Tu ne te moques pas de ceux qui croient en Dieu ?

Encore une fois, elle avait aimé la réponse de Jamie.

– Non, pas du tout. Les gens ont besoin de savoir où ils en sont.

– Exactement.

Lui aussi s'était allongé sur la pelouse. Puis il s'était redressé, s'appuyant sur un coude.

– Mozart est tellement parfait tu comprends. Tu vois, pour qu'une musique comme la sienne existe, il faut bien que ce soit lié à quelque chose d'extérieur à l'homme, une combinaison d'harmonie et de forme qui existe en dehors de nous. C'est peut-être là que Dieu intervient. Au niveau de la beauté.

Au niveau de la beauté. Oui, c'était une façon de le dire. La beauté morale existe aussi clairement que toute autre forme de beauté, et c'est peut-être là que l'on peut trouver le Dieu décrit de façon tellement saisissante, et parfois insolite, dans les exégèses un peu criardes de la religion. La question était intéressante. Cela voulait dire qu'un concert pouvait constituer une expérience spirituelle, un tableau profane devenir une icône, un visage enchanteur se transformer en ange qui passe.

Elle quitta la soirée d'été au jardin pour revenir au moment présent et à Charlotte Square. Elle regarda sa montre. La rencontre avec Jock Dundas s'était terminée sur une poignée de main, signe de réconciliation. Mais elle restait troublée, et amère aussi. Minty Auchterlonie s'était servie d'elle. Sans sa visite à Jock Dundas, elle n'aurait probablement jamais su ce qui s'était passé. Il n'y avait là rien de surprenant : Peter Stevenson avait été assez clair. Minty était tout simplement diabolique. Il était dans sa nature de se servir des gens, comme elle venait de le faire avec Isabel.

Isabel se mit à marcher, réfléchissant vaguement à un endroit où elle pourrait déjeuner. Elle sentait la colère monter en elle. C'est caractéristique : lorsqu'on est l'objet de ce genre d'attaque, le paroxysme de la colère arrive avec un certain retard. Quand, peu à peu, on mesure toutes les implications de ce qui vient de se produire, la colère monte. Il existe aussi une explication physiologique : le niveau de noradrénaline n'atteint pas tout de suite son maximum. La colère immédiate est moins aiguë que la colère plus tardive, qui survient une fois qu'on est rentré chez soi et qu'on a pris le temps de réfléchir.

Elle s'immobilisa et ferma les yeux. Je suis philosophe, se dit-elle, il est hors de question que je me laisse submerger par ce sentiment de colère. Elle rouvrit les yeux, inspira un grand coup, et expira lentement. Son rythme cardiaque ralentit. *C'est mieux. Voilà comment il faut traiter la noradrénaline. Minty est… une quantité négligeable.* Toutefois, c'était si manifestement faux que cette pensée ne procurait aucun réconfort. Loin d'être une quantité négligeable, c'était plutôt une psychopathe manipulatrice. Même ce constat n'était pas très satisfaisant. Coller ainsi des étiquettes sur les gens n'était pas nécessairement d'un grand secours. Si l'on peut faire précéder un terme du mot « pauvre », alors on arrive à prendre du recul et à limiter les antagonismes. Seulement, on ne dit jamais un « pauvre psychopathe ».

Elle inspira à nouveau profondément et reprit sa marche. Elle se trouvait maintenant sur le côté sud de Charlotte Square, devant le café de la Direction des monuments historiques d'Écosse. C'était exactement ce qu'il lui fallait. Cette institution symbolise la stabilité, la raison, la conservation du passé, protège les châteaux, les jardins, des kilomètres de littoral, et évoque le calme et la paix. Isabel eut envie d'un bol de soupe – rien de tel pour se réconforter –, et peut-être aussi d'un sandwich ou deux, et d'un verre de vin. Un tel menu ne pouvait manquer d'éliminer toute trace de noradrénaline, et donc de colère, aussi sûrement qu'un liquide riche en antioxydants chasse les radicaux libres.

Elle entra et se dirigea vers une table. Une serveuse lui donna un menu en souriant. Derrière celle-ci, une autre serveuse portait un plateau. Isabel regarda autour d'elle. Le café ne comptait qu'une poignée de clients, ce n'était pas encore l'heure du déjeuner. Mais la table voisine était occupée, et Minty Auchterlonie y était installée.

Faire semblant de ne pas voir quelqu'un dans une pièce presque déserte n'est pas facile. On peut essayer, et certaines personnes sont très douées pour faire comme si les autres n'existaient pas. Grace lui avait raconté qu'elle s'était trouvée un jour dans une petite pièce avec deux autres candidates à un emploi à temps partiel dans un hôtel. L'une d'elles l'avait saluée et lui avait fait un sourire d'encouragement. L'autre, affectant un air supérieur, avait soigneusement éviter de les regarder, promenant son regard au plafond, contemplant les gravures accrochées au mur, consultant sa montre. Isabel attendait la chute avec gourmandise : Grace en action était d'une efficacité redoutable.

– Et qu'est-il arrivé ?

– Quand je suis passée devant elle, je lui ai marché sur le pied.

Isabel aurait préféré ne pas rencontrer Minty dans ce café. Néanmoins, elle était bel et bien là, et regardait dans sa direction.

– Isabel !

Isabel leva les yeux du menu qu'elle feignait d'étudier ; de toute façon, il était à l'envers. Elle sourit à Minty, qui se leva et vint vers elle.

– Vous êtes toute seule ? demanda Minty gaiement.

Isabel n'avait pas le choix et proposa à Minty de s'installer en face d'elle.

– Je ne viens pas souvent ici. En général, je déjeune au bureau et j'envoie mon assistante me chercher un sandwich. Bien sûr il y a les déjeuners d'affaires, et j'ai mes adresses. Et vous ?

– Oh, comme vous, dit Isabel en faisant un geste vague. Un sandwich, un bol de soupe. Souvent chez moi.

– Vous avez tellement de chance de ne pas travailler.

Isabel ferma les yeux à demi : pas question de tolérer cette condescendance.

– Mais je travaille, vous savez. Je dirige une revue.

C'était comme si Minty n'avait pas entendu. Ce genre d'activité n'existait pas pour elle.

– Oui, bien sûr.

Isabel consulta le menu : parmi les plats du jour, une soupe de haricots à la toscane. Elle allait le faire remarquer à Minty quand celle-ci prit la parole.

– J'allais vous appeler ce soir, ça tombe à pic.

– Oui, dit Isabel en la regardant sans ciller. Moi aussi, je voulais vous parler.

– Et nous nous retrouvons ici, répondit Minty, l'air très sûre d'elle. Dites-moi, comment est-ce que… ?

Isabel décida de l'interrompre à son tour.

– Je sors du bureau de Jock Dundas.

Minty ne répondit rien. Isabel vit qu'un côté de son visage se crispait en un tic nerveux ; c'était presque imperceptible, mais elle l'avait vu.

– Je suis allée au cabinet McGregor et Fraser.

– C'est un bon cabinet, dit Minty. Il nous arrive de les…

Isabel savait que toute conversation avec Minty tournait au rapport de force. Encore une fois, elle lui coupa la parole.

– Il m'a raconté quelque chose de très bizarre : Margaret Wilson est venue le trouver.

– Margaret Wilson, répondit Minty en fronçant les sourcils. Celle qui travaille à la banque ?

– Oui, votre Margaret Wilson. Et ce qu'elle lui a raconté l'a suffisamment effrayé pour qu'il abandonne tout.

Minty secoua la tête d'un air étonné.

– Je n'en ai absolument jamais parlé à Margaret. Jamais.

C'était très facile pour Minty de tout nier. Isabel était pourtant déterminée à poursuivre.

– Je crois que Margaret Wilson est une de vos amies.

– Absolument pas, répondit Minty sèchement. Elle travaille à la banque, mais je ne la connais pas plus que ça. D'ailleurs, je vous le répète, elle et moi n'avons jamais parlé de vous. Je vous assure.

– Ça m'étonne, mais peu importe, dit Isabel. L'important, c'est qu'elle prétend que vous m'avez engagée pour essayer de compromettre la réputation de Jock. Elle me présente comme une sorte d'homme de main chargé des basses œuvres.

– Quoi ?

Minty avait écarquillé les yeux.

– Et Jock Dundas l'a crue. Comme il est très soucieux de devenir associé, il veut éviter un scandale public.

Minty semblait suspendue aux paroles d'Isabel.

– Même si…

– Même si ça veut dire qu'il abandonne Roderick.

Minty se cala dans son siège. Isabel s'étonnait de la réaction de son adversaire. Persuadée que Minty nierait tout, elle avait décidé de ne pas la croire. Mais les choses ne se passaient pas tout à fait comme prévu. Après un démenti formel, du moins au sujet de Margaret Wilson, Minty semblait recalculer sa position. Elle se pencha en avant.

– En tout cas, Isabel, je dois dire que c'est une bonne nouvelle pour moi. Quant à cette histoire ridicule que Jock vous a racontée, je ne sais pas du tout d'où il tient ça. Il a probablement tout inventé.

– Dans quel but ?

– Je n'en ai pas la moindre idée. Pour se venger. Une dernière flèche. Pourquoi pas ? Après la rupture, certaines personnes trouvent du plaisir à faire du mal. « L'enfer n'a pas de furie... » : vous connaissez l'expression.

– «... comme une femme bafouée », acheva Isabel. C'est plutôt des femmes qu'on dit ça.

– Détrompez-vous ! dit Minty en riant. Les hommes ne sont pas meilleurs que nous. Un homme peut être tout aussi vindicatif qu'une femme. Vous croyez que les hommes ne cherchent jamais à se venger ?

– Si, bien sûr.

– Eh bien, voilà, c'est ce qui est en train de se passer.

Isabel avait besoin d'une précision.

– Je suppose que c'est vous qui avez rompu ? Ce n'est pas le contraire ?

Minty détourna les yeux et ne répondit pas tout de suite.

– Oui, c'est moi. À vrai dire, je commençais à m'ennuyer. Certains hommes, surtout lorsqu'ils sont beaux, sont assez... comment dire... décevants. Vous êtes bien placée pour le savoir.

Isabel eut le souffle coupé devant autant d'impudence. Minty avait vu Jamie et l'incluait dans la catégorie des hommes beaux et décevants. *Bien placée pour le savoir.*

– Je ne vois pas bien ce que vous voulez dire, rétorqua-t-elle sur un ton glacial. J'ai peut-être eu plus de chance que vous.

Elles se dévisagèrent. Isabel sentait une sorte de répulsion monter en elle. Était-ce de la haine ? Est-ce que la haine se situait à quelques degrés au-dessus ? Était-ce le désir d'annihiler, d'écraser, de *supprimer* l'autre ? Elle n'avait jamais ressenti ce désir auparavant. La répulsion en était peut-être le premier stade.

L'intensité de son antipathie l'inquiéta ; elle ferma brièvement les yeux. Des profondeurs de son inconscient, un vers lui revint en mémoire, détaché de son contexte et de son sens, qu'elle ne put identifier.

Que la haine ne nous déforme pas
Et ne nous force pas à emprunter des chemins tortueux.

Elle se résolut d'appliquer ce précepte.

– C'est possible qu'il veuille vous faire du mal.

Minty venait de remporter une petite victoire.

– Oui, dit-elle simplement. C'est ce que je vous ai dit.

Cela paraissait toutefois peu plausible : pourquoi Jock Dundas se serait-il donné cette peine ? Et puis, la réaction de Minty continuait de la surprendre. Si Minty avait monté toute cette histoire, elle aurait sans doute tenté de clamer son innocence. Qu'Isabel la croie ou non semblait lui être indifférent.

Isabel n'avait plus faim. De toute façon, même si elle avait besoin d'un bol de soupe pour satisfaire son appétit, déjeuner avec une Minty triomphante lui coupait l'appétit.

– Finalement, je ne pense pas avoir le temps de déjeuner, dit-elle en regardant sa montre. J'ai un rendez-vous.

Minty lui fit un grand sourire presque complice.

– Quelqu'un d'intéressant ?

– Très, répondit Isabel.

Minty sait pertinemment que je suis mariée, ou presque, se dit-elle, et c'est Charlie dont il est question. Elle allait rentrer l'attendre, lui préparer un chocolat chaud, ce qu'il adorait, même quand il faisait beau. Elle l'installerait pour sa sieste, lui tiendrait la main jusqu'à ce qu'il s'endorme. Charlie appartenait à un monde d'innocence et de vérité, et non à ce milieu de mensonges et d'artifice dans lequel Minty évoluait.

– Je vous suis très reconnaissante, dit Minty. Vous ne pouvez pas savoir comme je suis soulagée. Tout est changé. Vous m'avez aidée, et j'ai une dette envers vous.

Encore une fois, Isabel regarda sa montre, sans que ce soit vraiment nécessaire, et s'apprêta à se lever.

– Je vous suis très reconnaissante, répéta Minty. Si jamais je peux…

– Merci, dit Isabel en essayant de sourire. On ne sait jamais.

– Non, c'est vrai.

Alors qu'elle était sur le point de partir, Minty se leva soudain, saisit Isabel par la manche et lui serra très fort le bras.

– Une dernière chose… commença Minty.

Isabel bougea légèrement le bras pour que Minty relâche sa prise.

– Vous savez quoi ? Je suis persuadée que Jock ne s'intéressait absolument pas à Roderick.

Isabel attendit la suite, alors qu'elle aurait voulu partir. Elle avait le sentiment d'être impliquée dans un pénible conflit de rupture, quand les deux parties échangent coups bas et récriminations, cherchent à convaincre l'entourage du bien-fondé de leur position, espérant s'entendre dire : « Tu as raison, c'est affreux la façon dont on te traite. »

– Il s'en fiche, n'est-ce pas ? déclara Minty, que cette hypothèse semblait inspirer. Toute cette histoire au sujet de Roderick, c'était juste pour me mettre des bâtons dans les roues, pour faire pression sur moi. Et une fois qu'il est au pied du mur, il abandonne. Un homme qui aime son fils, qui l'aime *vraiment*, ne lui préfère pas sa carrière, c'est clair, non ?

Elle pressa ses mains l'une contre l'autre, dans un geste bizarre qu'Isabel ne sut interpréter. Isabel ne répondit rien, frappée par la logique apparente du raisonnement, alors que quelques minutes auparavant, elle avait été persuadée que Minty lui mentait. Sa théorie était *peut-être* vraie. Plus Isabel y réfléchissait, plus elle songeait que Minty avait probablement raison. Si oui, alors elle l'avait à nouveau méjugée. Cela lui donnait l'impression d'être idiote, et de tourner au gré du vent comme une girouette, incapable de se faire une opinion.

– Vous ne croyez pas que j'ai raison ? demanda Minty.

– Peut-être, dit finalement Isabel avant de s'éloigner.

Grace, confuse, ramena Charlie plus tard que prévu.

– Annie n'arrête pas de parler, dit-elle. Et patati et patata, quelle bavarde ! Alors nous avons déjeuné tard. J'avais l'estomac dans les talons.

Isabel ne put s'empêcher de noter le contraste entre leurs déjeuners respectifs.

– Attention, ajouta Grace, c'est qu'elle avait des choses à dire, et c'était très intéressant.

– Elle a eu des visions, c'est ça ?

– C'est ça, et elle pense qu'un conflit va éclater.

– Où ?

– Elle ne l'a pas précisé.

– Il y a toujours un conflit qui couve quelque part, répliqua Isabel après un temps de réflexion, c'est logique. C'est comme d'annoncer que ce soir, il fera nuit. C'est la règle. Parmi tous les conflits possibles, il y en a toujours un qui est sur le point d'éclater.

Grace prit un air peiné. Ce n'était pourtant pas faute d'explications de sa part, seulement sa patronne ne semblait pas vraiment comprendre.

– Si les gens comme Annie, poursuivit Isabel, voulaient être plus précis dans leurs prédictions, ce serait bien utile. Ils ont trop tendance à rester dans le vague. Prenez Nostradamus. Ses quatrains sont tellement obscurs que toutes les interprétations sont possibles. Pourquoi ces gens-là ne disent-ils pas des choses comme : « Il y aura un tremblement de terre mardi prochain, à quatre heures de l'après-midi ? » Pourquoi faut-il toujours que leurs paroles soient si impénétrables ?

– Quand on voit dans l'avenir, soupira Grace, on ne distingue pas les détails.

– Pourquoi pas ? Si on a une bonne vue dans ce monde, pourquoi serait-ce différent dans une autre dimension ?

– Vous ne prenez pas ça au sérieux, dit Grace.

– Mais si, protesta Isabel. Je suis très sérieuse, c'est juste que...

Elle s'interrompit ; elle voulait demander l'avis de Grace sur un autre sujet.

– Ça vous ennuie si on parle d'autre chose ?

Grace fit un signe indistinct en guise d'assentiment. De toute façon, Grace était persuadée qu'Isabel ne comprendrait jamais rien à ces questions. Impossible de voir quelque chose qu'on est déterminé à ne pas voir.

– Est-ce que vous pensez qu'un homme qui aime son fils serait d'accord pour ne plus le voir, par exemple s'il avait à choisir entre sa carrière et son fils ?

– Jamie ? souffla Grace.

– Bien sûr que non, pas Jamie. Quelqu'un d'autre.

Grace regarda par la fenêtre.

– Heureusement que ce n'est pas Jamie. En fait, si vous voulez répondre à cette question, il suffit d'imaginer Jamie dans cette position. Vous savez combien il aime Charlie. Vous croyez qu'il ferait ça ?

– Non, bien sûr, répondit Isabel immédiatement.

– Alors vous avez votre réponse, conclut Grace.

CHAPITRE 15

McClarty, parfaite incarnation de l'ange exterminateur, grand pourfendeur de renards, président de l'Association locale des collectionneurs de maquettes de trains, bon père et bon époux, émergea de sa camionnette et emprunta l'allée qui menait à la porte d'entrée d'Isabel. Il portait une lourde cage, ce qui lui donnait une démarche étrange et déséquilibrée. La cage était incroyablement petite comparée à la taille d'un renard ; elle n'était bien sûr pas destinée à un voyage d'agrément. C'était la cellule du condamné à mort : les renards y prenaient leur dernier repas sur terre, un demi-poulet peut-être, ou, si les conseils de Billy avaient été suivis, une portion de gibier bien faisandé.

Il était cinq heures de l'après-midi, et Grace était repartie chez elle. Jamie venait de rentrer et prenait une douche ; quant à Isabel et Charlie, ils jouaient ensemble avec un jeu de construction abandonné donné à Jamie par un petit garçon de la rue qui ne s'y intéressait plus. Charlie apprenait à faire tenir les cubes en équilibre trois par trois, pour ensuite les renverser. Il y trouvait une source inépuisable d'amusement, de la même nature finalement que ces comédies burlesques du cinéma muet, à la lumière tremblotante, où tout le monde rit devant ces acteurs qui se prennent les pieds dans le tapis.

En entendant la sonnette, Isabel pensa qu'il s'agissait peut-être de McClarty et déposa Charlie dans son parc, avec quelques cubes pour l'amuser. Quand elle ouvrit la porte, McClarty était en train d'essuyer ses chaussures sur le paillasson. Isabel jeta un coup d'œil à la cage.

– Monsieur McClarty ?

– C'est moi, répondit Billy. Désolé, je comptais arriver plus tôt, mais j'ai été appelé pour un nid de guêpes à Morningside. Un gros nid. Il a fallu que je grimpe sur un toit.

Isabel l'assura que cela n'avait pas d'importance. Elle remarqua le tatouage sur son avant-bras : une main rouge, symbole de l'Ulster, et en dessous la devise « L'Ulster est britannique », en bleu. C'était très bien réalisé. J'avais raison, se dit Isabel, McClarty est un *Orangeman*, un admirateur de Guillaume d'Orange, qui fit fuir le roi catholique Jacques VII. L'épisode remontait à la fin du XVIIe siècle, mais pour certains, on eût dit que c'était hier, vivant symbole de la pérennité de la monarchie protestante. Tout cela était lié, comme il se doit, à une volonté de se libérer de l'influence des prêtres, au besoin de ne plus se voir dicter sa conduite ou ses croyances par eux. Pour quelqu'un comme McClarty du moins, cette cause était celle de la liberté. Évidemment, il en allait tout autrement pour les catholiques.

Elle conduisit McClarty jusqu'au jardin.

– La dernière fois qu'on l'a vu, il était dans ce massif, là-bas, dit-elle en désignant les grands rhododendrons. Il y est peut-être encore, je n'en sais rien.

McClarty fit un pas en avant pour scruter le taillis.

– C'est une bonne cachette, c'est sombre, tranquille. Une bonne cachette.

– Ils sont comme nous, ils ont besoin d'un abri, dit Isabel.

– Ils ne sont pas du tout comme nous, rétorqua Billy. Cette bête-là, elle ressemble à personne. Un renard, c'est un renard, un point c'est tout.

– Ce n'est pas tout à fait ça que je voulais dire, dit Isabel. Je voulais dire qu'ils ont les mêmes besoins que nous.

McClarty renifla d'un air supérieur.

– On n'a pas du tout les mêmes besoins.

Il s'approcha encore pour observer le sol sous les rhododendrons.

– Il a creusé un terrier. Je ne le vois pas, mais il est venu par ici, c'est sûr. Je crois que je vais mettre le piège ici. Il viendra.

– J'espère que ça ne va pas le faire souffrir ?

– Le pire qui pourrait lui arriver, fit McClarty sur un ton rassurant, ce serait qu'il se coince la queue dans la porte. C'est tout.

Il se releva et montra le piège.

– Vous l'avez, ce poulet ?

– C'est du faisan, dit Isabel. Il est dans la cuisine.

– Encore mieux. Allez le chercher, on va l'installer.

Elle alla sortir le faisan du réfrigérateur – un volatile entier rôti spécialement pour Maître Renard. Quand elle revint dans le jardin, McClarty avait posé le piège sous les branches qui bordaient la pelouse. Il prit le faisan des mains d'Isabel, le renifla avec satisfaction et le poussa tout au fond du piège. Puis il tira le petit bras à ressort qui activerait la fermeture de la porte une fois que Maître Renard aurait succombé à la tentation. Le piège enclenché, Billy McClarty recula pour mieux inspecter son travail.

– Ouais, ça ira. Et après ?

– Quand il sera dedans, je ferai venir le vétérinaire.

– Et après ?

L'attitude de McClarty, cette condescendance typique de celui qui se croit supérieur simplement parce qu'il est un homme, commençait à irriter Isabel au plus haut point.

– J'appellerai le vétérinaire, répéta Isabel. Je lui en ai déjà parlé, il viendra soigner sa blessure.

– Les renards, ça mord, dit McClarty, l'air sceptique. Il va faire comment pour l'examiner sans se faire attaquer ?

Isabel n'avait pas l'intention de laisser Billy gagner la bataille.

– Je suppose qu'il a des gants, et il lui donnera un sédatif.

– Je comprends pas pourquoi vous faites ça, dit McClarty en haussant les épaules. C'est la nature, vous savez.

L'homme arborait un tatouage représentant la main rouge de l'Ulster, ses doigts étaient jaunis par la nicotine.

– Je fais ça parce qu'il souffre. Quand quelqu'un souffre, monsieur McClarty, c'est notre devoir de faire quelque chose. Vous ne croyez pas ?

– On peut pas soigner tout le monde, dit-il avec raideur.

– Non, mais il faut quand même faire ce qu'on peut.

Il la regardait d'un air sarcastique qu'elle refusait de tolérer plus longtemps.

– Vous trouvez sans doute que je ne suis qu'une femme trop sensible. Je me trompe ?

McClarty secoua la tête.

– Non, non.

Il avait le large sourire d'un écolier attrapé la main dans le sac et niant l'évidence. Il ne prenait même pas la peine de dissimuler.

– Mais si, je le sais bien. Et on ne se rend pas toujours compte que d'autres peuvent lire dans vos pensées. C'est vrai, non ?

Elle souriait pour montrer qu'elle n'était pas entièrement hostile.

– Je ne sais pas de quoi vous parlez, dit McClarty, sur la défensive.

– Exactement, répondit Isabel.

Son cœur battait très fort ; à chaque fois qu'elle se trouvait dans une situation conflictuelle, même mineure, l'angoisse la submergeait.

Elle suggéra de retourner vers la maison et de lui régler ces cent livres, que le piège fonctionne ou non. Il avait l'air un peu renfrogné, mais s'empressa de prendre l'argent et de le fourrer dans ses poches de pantalon en allant rejoindre sa camionnette. Le fisc n'en verrait pas la couleur, se dit Isabel en se dirigeant vers la salle de jeux de Charlie.

Jamie, émergeant tout juste de la douche, les cheveux encore humides et ébouriffés, avait sorti Charlie de son parc pour jouer avec lui à l'avion, comme il disait, qui faisait faire à Charlie des descentes en piqué. Charlie poussait des hurlements de plaisir et n'avait d'yeux que pour son père. Elle sourit et les laissa à leur jeu.

Dans le couloir, elle s'arrêta un moment, perdue dans ses pensées, les yeux fixés sur le motif de losanges rouges et bleus de son tapis baloutche, et son sourire s'évanouit. *Je n'aurais pas dû parler ainsi à McClarty. C'est mal.* Certes, il s'était montré délibérément condescendant. Néanmoins, elle n'aurait pas dû se montrer aussi méprisante, ni user de sa maîtrise de la langue pour le désarçonner. Quand on sait utiliser les mots, il faut employer ce savoir avec parcimonie contre ceux qui ne le possèdent pas. Elle avait remporté une victoire facile sur un homme dont la vie était beaucoup plus dure que la sienne, malgré sa forfanterie et le côté ostentatoire de ses convictions politiques. Elle se sentit gênée et honteuse, comme il convient quand on vient d'humilier autrui, même si un tel traitement est plus que mérité.

– Minty, dit Jamie. Raconte.

Ils étaient attablés dans la cuisine et venaient d'achever leur dîner. Ce moment de la journée était une oasis de calme qu'ils appréciaient tous les deux. À ce stade, la soirée pouvait prendre deux directions : la détente ou la reprise du travail – Isabel s'occupant des affaires de la revue pendant que Jamie faisait des exercices dans le salon de musique ou transcrivait des morceaux pour ses élèves.

Pour le moment, ils ignoraient le tour qu'allait prendre la soirée. Isabel avait des articles à lire pour les insérer éventuellement dans la revue, mais elle n'avait pas le courage de les étudier maintenant et pouvait remettre ce travail au lendemain. Quand Jamie lui demanda des nouvelles de Minty, elle était toute disposée à en parler.

– Où est-ce que vous avez déjeuné ?

– Moi, je n'ai rien avalé, répondit Isabel. Elle m'a coupé l'appétit.

Elle expliqua ce qui s'était passé et conclut, avec une certaine réticence, qu'elle avait peut-être, encore une fois, calomnié Minty.

– Si tu es incapable d'être sûre qu'elle dit la vérité, si tu n'arrives pas à te faire une opinion, c'est qu'elle ment. Qu'est-ce que Peter a dit, déjà ? demanda Jamie d'un air légèrement narquois.

– Qu'elle est diabolique, répondit Isabel.

– Alors elle l'est. C'est rare qu'il se trompe sur les gens.

– Il peut lui arriver de se tromper. En plus, même si elle est diabolique, ça ne signifie pas forcément qu'elle ment.

Jamie restait indécis. Isabel continua à peser les implications de sa question. La clé, il faut la chercher dans la personnalité des gens. Un être vil commettra toujours des vilenies. Mais il peut se racheter dans d'autres domaines – la loyauté, par exemple. Chez les malfrats, on est loyal, au moins pour un temps ; on fait preuve de patriotisme. Cela dit, faut-il admirer la loyauté en soi, quel que soit son objet ? Se montrer loyal envers la mafia ou le KGB ne compte pas. La loyauté est une qualité neutre, et c'est son objet qui est révélateur. Bien sûr, si on...

Un cri étrange venant du jardin interrompit sa rêverie, suivi d'une salve de glapissements aigus. Elle regarda Jamie qui s'était tourné brusquement vers la fenêtre.

– Maître Renard ?

– Oui.

Il se leva. Mais c'était Isabel qui avait élaboré le plan et il suivait ses directives.

– Qu'est-ce qu'on fait ?

– On va voir, dit Isabel en ouvrant un tiroir pour prendre la torche. Et après on appelle le vétérinaire.

Ils sortirent dans le jardin. La lumière de la cuisine éclairait partiellement la pelouse et le massif où le piège avait été dissimulé. Le rayon de la torche suivit la masse de végétation, puis Jamie écarta les branches. Les yeux de Maître Renard, deux disques jaunâtres derrière les barreaux de la cage, luisaient tels deux petits phares. Derrière, la masse rougeâtre de sa fourrure, à moitié dans l'ombre, à moitié révélée par la lumière de la torche.

Isabel s'accroupit.

– N'aie pas peur, dit-elle à voix basse. Tu me connais, n'est-ce pas ? Tu m'as déjà vue. Je ne veux pas te faire de mal.

Jamie la rejoignit.

– Tu veux que je le bouge ?

– Oui.

Sur le dessus de la cage, il y avait une poignée en métal. Jamie avança la main pour extraire la cage du massif. Dans sa prison, le renard se contorsionna et essaya de mordre Jamie ; à cause des barreaux, ses mâchoires se refermèrent sur le vide.

– Il ne peut pas te toucher, dit Isabel. Le pauvre, il doit être mort de peur.

– Il pense que nous allons le tuer.

Isabel se pencha au-dessus de la cage et essaya de localiser la blessure avec la torche. Elle distingua une vague odeur de rance, qui indiquait que l'infection allait vite tourner à la putréfaction. Elle regarda sa montre.

– Simon a dit qu'on pouvait l'appeler à n'importe quelle heure. Tu restes avec lui pendant que je lui téléphone ?

Simon était un vétérinaire de sa connaissance. Sûre qu'il ne resterait pas indifférent à la douleur d'un animal, elle lui en avait parlé, et il avait confirmé son intuition.

– Je m'en occupe, avait-il dit. Ce n'est pas banal d'avoir un renard comme patient, mais je ferai de mon mieux.

Simon était chez lui et promit de venir immédiatement.

– Essayez de ne pas trop le stresser, je crois que le renard n'est pas un malade docile.

Elle raccrocha et rejoignit Jamie dans le jardin. Jamie s'était éloigné de la cage en pensant, en vain, que cela calmerait Maître Renard. À intervalles réguliers, l'animal prisonnier poussait un gémissement, comme un appel au secours, suivi de glapissements ou de hurlements. Manifestement, il était en détresse : Isabel aurait voulu se boucher les oreilles.

– Je ne veux pas entendre ça, murmura-t-elle à Jamie. Il nous appelle à l'aide.

– Et c'est exactement ce que nous essayons de faire, dit Jamie en lui prenant la main.

– Je sais.

La main de Jamie posée sur la sienne, elle éprouva ce sentiment intense de compréhension réciproque. Ce qui était en train de se jouer n'était qu'un drame mineur, infime dans la multitude de souffrances, toujours renouvelées, que le monde doit endurer chaque jour, mais Isabel était touchée au plus profond d'elle-même. Elle pressa la main de Jamie. Il baissa la tête et l'embrassa sur la joue, comme pour chasser son chagrin avec la souffrance de Maître Renard.

Simon n'habitait pas très loin. Quelques minutes plus tard, ils virent les phares de sa voiture apparaître dans la rue. Isabel laissa Jamie avec Maître Renard et alla à sa rencontre. Comme elle ouvrait la grille, il y eut un glapissement particulièrement aigu.

– Il n'a pas l'air heureux, dit Simon. Pauvre bête.

Ils firent le tour de la maison. Simon posa le sac qu'il avait apporté et l'ouvrit. Il en tira une paire de gants très épais, pareils à des gants de jardinage, mais plus lourds et mieux protégés au niveau du poignet. Il s'adressa à Jamie.

– Je pourrais mettre ces gants, mais ce serait mieux si vous l'immobilisiez pendant que je lui injecte un sédatif. Vous le laissez mordre un gant et avec l'autre, vous le tenez par la peau du cou. Pendant ce temps, je lui fais une injection. Vous pouvez faire ça ?

Isabel dut protester.

– Jamie a besoin de ses doigts pour jouer du basson, je vais prendre sa place.

– Mais non, ça ira très bien, intervint Jamie.

– Et s'il te mordait à travers le gant ? Moi, à la rigueur, je peux m'occuper de la revue avec la main bandée, mais toi tu ne pourrais pas jouer. Allez, donne-moi les gants.

Jamie savait qu'il était inutile de contrer Isabel quand sa décision était prise ; il la regarda enfiler les gants. Simon sortit une seringue et une ampoule de son sac et prépara l'injection.

– Tout ce que vous avez à faire, dit Simon quand tout fut prêt, c'est d'immobiliser ses mâchoires, et moi je pique.

Son calme semblait avoir un effet apaisant sur Maître Renard. Ses glapissements avaient cessé ; recroquevillé, il les observait. Isabel s'avança et ouvrit la cage précautionneusement. Puis elle tendit sa main gantée vers l'animal.

– Doucement, dit Simon.

Elle sentit sa morsure à travers le tissu épais, moins forte qu'elle ne l'avait imaginé pourtant. L'animal était-il affaibli par l'infection, comme l'avait suggéré Simon ? Elle réalisa soudain que c'était la première fois qu'elle avait un contact physique avec Maître Renard, et cela lui fit un choc. Il vivait dans son jardin, ou du moins il le traversait chaque jour ; c'était peut-être son parcours habituel. Même s'ils s'étaient croisés, ils restaient de simples voisins, étrangers l'un pour l'autre. Maintenant, ils étaient face à face : alors qu'elle s'était plu à imaginer qu'ils étaient amis, lui ne voyait en elle qu'une menace.

Simon agit très rapidement. Isabel eut à peine le temps de voir sa main quand il se pencha pour piquer l'animal dans un pli de la peau. Puis Simon se recula, et elle fut frappée de voir une toute petite goutte de sang au bout de la seringue : du sang de renard, le sang de Maître Renard. Le sang d'une créature d'une autre espèce semble toujours mystérieux, plus étrange que notre propre sang, et porteur des secrets biologiques de l'espèce.

– Ça devrait le calmer, dit Simon. D'ici deux ou trois minutes, il sera doux comme un agneau.

Isabel regarda Maître Renard, qui lui rendit son regard, puis sa mâchoire se détendit et elle le lâcha. Elle crut deviner dans ses yeux que la perplexité avait succédé à la peur. Il secoua la tête, comme pour reprendre ses esprits : le sédatif commençait manifestement à faire son effet. Sa tête s'inclina, et il s'affaissa dans la cage.

– Il a son compte, dit Simon. Maintenant on peut le sortir.

Le vétérinaire introduisit son bras dans la cage et tira sur les pattes de devant. Il n'y eut pas de résistance. Une fois que la bête fut allongée sur l'herbe, Simon l'attrapa par en dessous pour la soulever.

– Le meilleur endroit, c'est peut-être la cuisine, dit-il.

Ils emportèrent Maître Renard dans la maison. Une fois dans la cuisine, Isabel recouvrit la table de vieux numéros du *Scotsman* que Grace avait mis de côté pour le recyclage hebdomadaire. L'animal gisait contre la photo du Premier ministre écossais qui faisait la une. Son sort est entre vos mains, se dit Isabel. Cette créature fait partie de vos administrés, même si vous ne la connaissez pas.

Simon se lava les mains, les sécha soigneusement et enfila une paire de gants en latex. Très délicatement, il palpa le flanc de l'animal. La blessure n'était pas bien large : une coupure qui s'était infectée, déclara Simon. Avec une paire de ciseaux, il coupa la fourrure tout autour de la plaie : le sang coagulé noircissait le poil. Avec un scalpel, il retira ce qui ressemblait à de petits lambeaux de ficelle. Les tissus morts, expliqua Simon. Isabel observait la procédure, mais Jamie, plus sensible, s'était détourné.

– Désolé, dit-il. Je ne supporte pas.

– Ça va aller vite, dit Simon.

Isabel avait apporté une lampe et la tenait au-dessus du Renard pour que Simon y voie plus clair. Il travailla avec agilité et fut bientôt prêt à suturer la partie supérieure de la blessure.

– Je vais laisser le bas ouvert pour faire un drain. Ce dont il a besoin maintenant, c'est d'une bonne dose d'antibiotiques, et ce sera fini.

Isabel étudiait de près le renard : coussinets rugueux et couverts de cicatrices, fourrure rêche et abîmée, mais plus épaisse qu'elle n'aurait imaginé. La queue était très belle : elle l'avait admirée si souvent en le voyant passer au sommet du mur au fond du jardin, sûr de lui et parfaitement à l'aise. Un vrai funambule. Elle pensa tout à coup à Bruno. Préoccupée par les affaires de Minty, elle avait complètement oublié le fiancé de Cat. Elle eut une vision étrange : Bruno perché sur le mur du jardin, avec ses talonnettes, Maître Renard sur ses talons.

– Qu'est-ce qui vous fait rire ? demanda Simon.

– Rien, je pensais à autre chose, dit Isabel en secouant la tête.

– Le cerveau d'Isabel a un fonctionnement très particulier, dit Jamie derrière elle.

– Je pensais à notre ami Bruno, répliqua Isabel.

Jamie sourit. Maintenant que Simon avait fini d'opérer, il en profitait pour étudier l'animal de près.

– Il est très beau, dit-il. Vraiment très beau.

– Les renards sont des animaux intéressants, expliqua Simon en s'éloignant de la table. Ils auraient pu se laisser domestiquer très tôt, comme les chiens, mais ils ont préféré garder leur indépendance. Ils ont réussi à survivre.

Il s'approcha pour soulever Maître Renard, qui ouvrit les yeux pour les refermer aussitôt.

– On va le laisser sous les branches, poursuivit Simon. La nuit est douce. Quand il va revenir à lui, il aura l'impression d'avoir fait un rêve.

– Il va guérir ? demanda Isabel.

– Je le pense, répondit Simon. Il est résistant. Ses congénères sont toujours affamés, mais lui, on dirait qu'il a une meilleure alimentation. C'est grâce à vous ?

– Peut-être, dit Isabel évasivement.

Elle savait qu'il n'est pas recommandé de nourrir les animaux sauvages car on intervient dans un mécanisme naturel. Mais comment ne pas gâter Maître Renard de temps en temps ?

– Je suis sûr qu'il apprécie.

Simon souleva le renard dans ses bras et le porta hors de la maison, suivi par Isabel et Jamie. Il l'installa confortablement sous le massif de rhododendrons. Puis ils rentrèrent avec Simon qui récupéra son sac. Jamie monta rapidement voir si Charlie dormait bien et Isabel raccompagna Simon jusqu'à sa voiture.

– Envoyez-moi la facture, dit-elle, ou dites-moi combien je vous dois.

– Rien du tout.

– Ce serait la moindre des choses.

– Je sais, mais comment voulez-vous que je vous fasse payer les soins d'un animal sauvage ? Il n'appartient à personne. On ne va pas lui envoyer la facture !

Isabel rit en imaginant Maître Renard dissimulant quelques pièces d'or dans un portefeuille, les économies de toute une vie.

– Vous êtes très généreux, dit-elle.

Ceux qui sont soucieux du bien-être des animaux font souvent preuve de bonté, sans néanmoins en faire étalage. C'est ainsi qu'on doit cultiver les vertus : dans la discrétion et le silence, loin des regards du monde, reconnues seulement par les justes et les bénéficiaires de cette charité.

Elle rentra dans la maison. Jamie avait entrepris de nettoyer la cuisine. Quand il enleva les journaux de la table où Maître Renard avait été posé, une petite touffe de fourrure tomba par terre.

– Un souvenir, dit Isabel en la ramassant pour la tendre à Jamie. Les Victoriens adoraient glisser une mèche de cheveux dans les bijoux. Je pourrais la mettre dans un pendentif.

Elle sourit soudain. Jamie, pour qui le sourire était aussi contagieux que le bâillement, l'imita.

– À quoi penses-tu ? demanda-t-il.

– Un truc auquel je n'avais pas pensé depuis longtemps.

– Raconte.

– C'est idiot, je te préviens, dit Isabel.

– La vie est idiote.

– Bon, d'accord. Il y a très longtemps, quand j'étais étudiante, j'ai travaillé comme bénévole en France pendant le mois d'août, particulièrement beau et chaud cette année-là.

– Cet endroit dont tu m'as déjà parlé, un foyer pour enfants ? Ceux qui n'avaient jamais vu de vache de leur vie ?

– Oui, c'est ça.

– Et alors ?

– Il y avait une autre fille avec moi. Nous étions trois en fait, toutes écossaises. Quelqu'un à Édimbourg s'occupait de recruter des bénévoles. Bref, nous étions trois. Une fille toujours angoissée qui s'appelait Alice, Jenny, celle à qui je pensais, et moi.

À nouveau, elle sourit.

– Elle avait un petit ami dont elle ne cessait de parler. Il s'appelait Martin. Martin a dit ci, Martin a dit ça. Martin et moi, on est allés en Allemagne. En ce moment, Martin est parti voir sa tante. J'espère que Martin n'a pas de problèmes. Et ainsi de suite, toute la journée. Elle nous tapait sur les nerfs.

– Elle l'aimait, peut-être.

– C'est le moins qu'on puisse dire. Mais ça m'énervait. Alice était trop timide pour protester et elle restait des heures à l'écouter parler de Martin. Moi, je pensais à autre chose.

Jamie haussa les épaules.

– Il y a des gens qui sont… disons… obsédés.

– Absolument. Mais il y avait autre chose. C'est l'idée du souvenir qui m'a fait penser à cette histoire.

– Elle avait un souvenir de lui ?

– Oui, répondit Isabel avec un large sourire. Un boxer à carreaux, rouge. Elle dormait avec. Nous partagions la même chambre et je l'ai vu. Elle le sortait avant de se coucher, le secouait un peu et puis le remettait en place. Quelle idiote !

Jamie éclata de rire.

– Mais je trouve ça très touchant, au contraire !

– Elle était stupide.

Mais était-elle aussi stupide qu'Isabel voulait bien le dire ? Quand on tombe amoureux, un vêtement peut finir par incarner l'objet aimé. Elle jeta un coup d'œil à Jamie. Elle serait tout à fait capable de parler de lui pendant des heures, tout comme Jenny parlait de Martin. Elle irait même jusqu'à placer ses sous-vêtements sous son oreiller, telle une collégienne sentimentale.

– En fait, non, elle n'était pas stupide. Je n'aurais pas dû dire ça.

Jamie lui effleura le bras doucement.

– J'ai un vieux slip si tu veux, dit-il d'un air faussement sérieux.

– Je n'en ai pas besoin, puisque tu es là.

– Bien sûr.

Vers trois heures du matin, Jamie se glissa hors du lit. Isabel, dans un demi-sommeil, se rendit compte qu'il allait jusqu'à la fenêtre et qu'il soulevait le rideau pour observer le jardin.

– Qu'est-ce que tu fais ?

– Je me demande comment il va, répondit-il dans un murmure.

– Il est sûrement déjà parti. Simon avait parlé de quelques heures.

Jamie s'éloigna de la fenêtre.

– J'y vais.

Elle ne répondit rien. Il traversa la pièce, nu.

– Je reviens dans une minute, dit-il avant de disparaître.

Elle s'assit, en proie soudain à une inquiétude irraisonnée, imaginant que le pire arrivait à Jamie et qu'elle allait le perdre. Son slip. Elle n'aurait plus que ça. L'idée était ridicule. Il ne fallait pas avoir de telles pensées.

À son tour, elle sortit du lit et alla à la fenêtre. Il était là, sur la pelouse, et elle était la seule à le voir. Il était si beau. Elle se le répétait sans cesse. On aurait dit un tableau néo-classique, un Poussin représentant un athlète nu dans un décor de forêt. Elle s'éloigna de la fenêtre. Il fallait éviter ce genre de vision. Mais pourquoi pas, après tout ? Pourquoi ne pas célébrer la beauté ? Elle avait la chance inouïe de pouvoir la contempler, de l'avoir sous son toit. Entre toutes les femmes, elle avait reçu ce cadeau inestimable, que tant d'autres attendent en vain.

Quand il revint, presque aussitôt, elle s'était remise au lit.

– Il est parti ?

– Oui, dit-il en se glissant entre les draps. Il est allé à ses mystérieuses affaires de renard. Tu me racontes une histoire ?

– Je suis fatiguée, il est trois heures. Tu veux vraiment…

Il lui prit la main.

– S'il te plaît.

– D'accord.

Elle réfléchit un instant.

– Renard est sorti, rôde çà et là.

– Oui, dit-il. Je le vois déjà.

– Nuit de lune, tout est calme.

– Oui, dit-il en serrant sa main. Tout est tranquille.

– Ombres noires, les renards glapissent. J'ai vu la lune, au-dessus des toits. Renard est rentré, fini de rôder. Au chaud dans son trou, rôti juteux. Bonne nuit, Renard : la lune veille.

Sa voix s'était ralentie, elle s'endormit. Jamie lui pressa la main doucement puis la posa contre son flanc et resta immobile, les yeux au plafond, dans leur obscurité partagée.

CHAPITRE 16

Cette nuit-là, les rêves d'Isabel ne furent pas peuplés par Maître Renard ou son espèce en général, mais par Minty Auchterlonie : Minty dans son jardin, parlant de quelque chose qu'Isabel n'arrivait pas à comprendre, Minty au restaurant, ponctuant son propos d'un doigt accusateur. Enfin, elle disparut et Isabel se retrouva dans un endroit qui était peut-être la ville de Mobile, en Alabama. Elle était assise dans un jardin ombragé par des chênes, avec sa tante, qu'elle connaissait à peine, et qui lui parlait de sa sœur, la mère d'Isabel. « C'est tellement dommage qu'elle ait eu cette liaison, ton pauvre père a été si malheureux. » Isabel se sentait embarrassée, honteuse. Au moment où elle allait protester que cette liaison appartenait au passé, qu'il valait mieux ne pas en parler, sa tante avait dit soudain, d'un ton sévère : « Il faut finir ce que l'on a commencé, Isabel. Ta mère aurait dû t'apprendre ça, mais elle ne l'a pas fait, c'est clair. Elle était sans doute trop occupée avec son amant. »

Jamie lui toucha doucement l'épaule.

– Isabel ?

Le jardin de Mobile disparut.

– Tu faisais un mauvais rêve.

– Oui.

– Tu disais des paroles sans suite, très fort.

Elle se redressa. La lumière pénétrait par une fente entre les rideaux. Elle vit qu'il était presque sept heures. Charlie avait sans doute réveillé Jamie beaucoup plus tôt. Celui-ci était debout près du lit, déjà habillé, pantalon sombre et veste légère bleu marine.

– Je rêvais de Minty Auchterlonie, dit-elle en se levant. Minty ! Tu te rends compte ?

Jamie se dirigea vers la coiffeuse, prit une brosse à vêtements au manche d'argent, et la passa vaguement sur sa veste. La brosse avait appartenu à la mère d'Isabel. Qu'aurait-elle pensé de Jamie ? Elle aurait sans doute applaudi des deux mains : tout ce qu'elle voulait, c'est qu'Isabel soit heureuse. Jamie lui avait apporté le bonheur. Elle aurait compris.

– Cette femme, dit soudain Jamie sans se retourner. Tu veux que je te dise ce que j'en pense ?

Isabel décrocha sa robe de chambre, derrière la porte.

– Vas-y.

– Elle ne va pas s'en aller toute seule, dit-il en se retournant.

Isabel fronça les sourcils.

– Qu'est-ce que tu entends par là ?

– Pour moi, dit Jamie en la regardant droit dans les yeux, c'est comme un morceau de musique inachevé, quand on cherche une résolution mais qu'on ne trouve pas les notes : le motif tourne en boucle dans la tête jusqu'à ce qu'on écrive la conclusion.

Elle tripotait machinalement la ceinture de sa robe de chambre, qui commençait à s'effilocher. Malgré son usure, elle adorait cette robe de chambre et tardait à la remplacer. Les mots de Jamie flottaient dans l'air entre eux ; ce genre d'observation peut parfois sonner comme une accusation.

– Tu crois que je devrais faire quelque chose ?

Quand Jamie lui donnait des conseils, c'était toujours pour la convaincre de ne rien faire, de ne pas se laisser embarquer dans les affaires des autres.

– En temps normal…

– En temps normal, tu ne dirais pas ça.

– Tu as raison. Mais j'ai l'impression que cette Minty te met les nerfs en boule.

C'était tout à fait ça. Minty avait sur elle le même effet que les puces du sud des États-Unis sur la tante de son rêve qui se plaignait que sa pelouse en fût infestée.

– Il faut que tu arrives à te faire une opinion sur elle. Tu n'es pas du genre à laisser ce genre de questions sans réponse, pas toi. Tu te fais trop de souci.

Isabel l'avait écouté attentivement, surprise. Se faisait-elle vraiment trop de souci ?

– Tu crois que je devrais…

– Tirer ça au clair avec elle ?

– Oui.

Il hésita.

– Peut-être. Tu n'as qu'à lui dire ce que tu penses d'elle, lui avouer que tu ne crois pas un mot de ce qu'elle dit, et puis tu t'en tiens là. Sinon, elle recommencera. Tu n'y tiens pas, je suppose ?

Elle réfléchissait. Charlie, dans son parc au rez-de-chaussée, s'était mis à pleurer. Il avait sans doute jeté un de ses jouets en peluche hors du parc, comme un prisonnier aidant un camarade à s'échapper ; maintenant il le regrettait.

– Bon, d'accord.

Il sembla content de sa réponse.

– Tu veux que je vienne avec toi ?

Pas question. Il en avait fait assez en la poussant dans une direction qu'elle aurait peut-être choisie d'elle-même ; elle savait qu'elle pourrait faire face. D'ailleurs, étrangement, elle ne souhaitait pas exposer Jamie à l'influence néfaste de Minty ; il était vulnérable.

Après le petit-déjeuner, elle se rendit dans son bureau. Elle avait des lettres à rédiger, personnelles et professionnelles. Edward Mendelson lui avait écrit de New York, et elle avait tardé à lui répondre. En tant qu'exécuteur testamentaire d'Auden, il essayait de retrouver la trace d'un magazine de lycéens pour lequel le poète avait écrit un article, quand il enseignait dans une petite école privée de l'ouest de l'Écosse. Une dame qui habitait sur l'île de Mull, apprenant cela, l'avait informé qu'elle disposait d'un manuscrit d'Auden qui était sans doute l'original de cet article, mais si elle ne savait rien du magazine. *Mon père*, écrivait-elle, *travaillait dans la même école qu'Auden. Ils s'entendaient bien. Auden lui avait confié une boîte pleine de papiers, qu'il avait ensuite oubliée et en tout cas jamais réclamée.* Tout en étant disposée à montrer ces documents, cette dame refusait absolument de s'en séparer, quelque assurance qu'on lui donnât.

Je ne voudrais pas abuser de votre gentillesse, écrivait Edward, *mais pourriez-vous vous y rendre pour y jeter un coup d'œil ? Elle vous permettra peut-être de les photographier. Quant à l'article, vous verrez tout de suite s'il est de la plume Auden. Il n'ajoutait jamais d'espace après la virgule, c'est comme une signature. Si c'est le cas, c'est presque sûr qu'il s'agit de lui.*

Isabel lui répondit : ils iraient tous les trois, Jamie, Charlie et elle, à la chasse aux virgules serrées comme des sardines.

Il y avait aussi une lettre de Steven Barclay, un ami d'Isabel qui vivait à Paris. Il invitait Isabel et Jamie à passer un week-end chez lui. Il connaissait un hôtel, tout près, dans le Quartier latin, qui accueillerait Charlie à bras ouverts. *Je vous emmènerai dans mon restaurant préféré,* La Fontaine de Mars, *rue Saint-Dominique, dans le septième arrondissement, à côté de l'École militaire, comme ça vous n'aurez rien à craindre ! Et puis, tu as toujours aimé Vuillard : je peux vous faire visiter la maison où il habitait. J'ai aussi mes entrées chez des gens qui ont des Vuillard qu'on ne voit jamais. Tu pourras les admirer. Juste toi. Il faut que tu viennes.*

Elle assura Steven qu'elle viendrait. S'émerveillant que la vie lui offre ainsi l'occasion d'aller à Mull et à

Paris, elle revint au courrier qui concernait la revue. Rien qui sortît de l'ordinaire, sinon qu'il lui fallait écrire à un auteur que son article avait fait l'objet de comptes-rendus négatifs. *Je suis sûre que vous comprendrez*, écrivit-elle, sachant pertinemment que les auteurs ont du mal à comprendre. Ils passent des mois, voire des années à écrire un article qui se voit refusé, et ce refus représente la fin de leurs espoirs. Pour un maître de conférences sans sécurité d'emploi, dans une université cherchant par tous les moyens à faire des économies sur les salaires, ce rejet peut signifier la fin d'une carrière. Cela préoccupait Isabel, qui ne voyait pourtant pas d'autre issue. Le monde est aussi dur pour un philosophe, d'une certaine façon, que pour une vendeuse ou un mineur, tous ceux qui vivent au bord du chômage et de la ruine.

À onze heures, sa correspondance finie, elle relut sa dernière lettre, destinée à l'imprimeur de la revue. Elle nota que dans le dernier paragraphe, elle avait omis l'espace après la virgule, et instinctivement, décida de ne pas faire de correction. Supprimer l'espace après la virgule serait une sorte d'hommage à Auden ; et ces petits rituels donnent de la texture à la vie. Big Brother, qu'il prenne la forme d'un état interventionniste ou de la censure politique, dicte notre conduite, mais on peut toujours affirmer sa différence dans les petites choses, les plaisanteries partagées, les virgules sans espace, et autres actes symboliquement subversifs.

Quand elle quitta son bureau, elle avait pris une décision, sans tergiverser. Elle irait d'abord voir

George Finesk, l'investisseur lésé par Minty, puis elle se rendrait dans l'antre de la tigresse.

Elle trouva sans difficulté l'adresse de George Finesk. Il y avait deux Finesk dans l'annuaire. Le premier vivait à Tranent, une ancienne ville minière de l'East Lothian, lieu de résidence peu plausible pour un riche investisseur ; le second habitait Ann Street, une rue très recherchée pour l'architecture de style géorgien des maisons qui la bordaient, même si celles-ci étaient petites. Elle composa le numéro correspondant à cette adresse. Une voix plutôt chaude et accueillante lui répondit.

Elle donna son nom et la chaleur disparut instantanément. C'était comme si on avait ouvert une fenêtre et laissé entrer un vent froid.

– Vous avez dit Isabel Dalhousie ?

– C'est ça.

Il y eut un silence.

– Et vous voulez me parler ? Puis-je savoir pourquoi ?

Isabel, surprise par le changement de ton, eut besoin de recouvrer ses esprits.

– C'est au sujet de Minty Auchterlonie.

Nouveau silence.

– Je m'en doutais.

Isabel ne comprenait pas. Pourquoi George Finesk associait-il son nom à celui de Minty ? Il était impossible que Peter Stevenson ait parlé, il ne révélait jamais les secrets qu'on lui confiait.

– Je crois qu'il vaudrait mieux discuter de vive voix, reprit Isabel. Ce serait plus facile.

George Finesk accepta, avec réticence. Elle pouvait venir tout de suite s'il le désirait. Il devait sortir d'ici une heure et ne pourrait lui consacrer beaucoup de temps. Sur quoi il coupa court à la conversation, après un bref au revoir. Il était sans doute trop poli pour lui raccrocher au nez, mais c'était tout juste.

Isabel alla dans la cuisine. Ce samedi, Grace était là, contrairement à l'habitude : elle rattrapait des heures en prévision des vacances. Elle était en train de donner à Charlie un déjeuner précoce, petits pois écrasés et poisson pané, l'essence même des repas à la nursery. Tentée par l'odeur, elle tendit la main pour goûter.

– S'il vous plaît, gronda Grace. Il ne faut pas lui arracher la nourriture de la bouche.

Charlie, arrimé dans sa chaise haute, regarda sa mère, puis baissa les yeux vers son assiette et choisit un morceau qu'il tendit à Isabel.

– Merci, mon chéri, s'écria Isabel en acceptant l'offrande. Je ne peux pas refuser son petit cadeau.

Charlie, d'un air solennel, offrit à Grace un autre morceau. Elle l'accepta d'un air désapprobateur.

– Il faut savoir accepter les petits cadeaux de la vie, dit Isabel en souriant.

Grace pinça les lèvres et se tourna vers Charlie.

– Finis ton poisson, Charlie. Maman et Grace ont leur déjeuner, elles n'ont pas besoin du tien.

Isabel prit un taxi pour l'autre bout de la ville et descendit en haut de Learmonth Terrace. De là, elle se dirigea vers l'embranchement où Ann Street rejoint une avenue plus large. Elle connaissait très bien ce quartier. Son amie Susanna Kerr, l'historienne d'art, habitait par ici, comme autrefois la cousine de son père, une femme très intelligente, vive comme un oiseau, spécialiste de paléographie et de toponymie celtique. Cousine Kirsty avait gâté Isabel enfant, la couvrant de cadeaux trop coûteux, et lui rapportant des ragots aseptisés sur la bonne société d'Édimbourg, que son père trouvait exagérés, mais qu'il aimait quand même entendre. Quand Isabel avait onze ans, Cousine Kirsty était tombée sur le sol trop bien ciré de sa cuisine. Seule dans le froid, sans secours, elle était morte ; c'en était fini des visites d'Isabel à Dean Terrace. Elle avait pleuré toutes les larmes de son corps à la mort de Kirsty. C'était son premier grand chagrin, bientôt suivi d'un chagrin plus vif encore, avec la perte de sa mère.

La maison se trouvait au bout de la rue. Le jardin devant la maison était bien entretenu, comme tous les jardins alentour, et très coloré : céanothes et rosiers grimpants entouraient une petite pelouse ornée d'un banc de pierre couvert de lichen gris argent, qui ne semblait pas servir beaucoup.

George Finesk prit son temps avant de répondre. Enfin, la porte d'entrée s'ouvrit. Isabel se retrouva devant un homme aux cheveux gris portant une veste blanche un peu trop large, une paire de lunettes cerclées d'or plantée dans la pochette. Il la regarda en face, puis baissa vite les yeux. La cinquantaine, grand, le nez aquilin et des yeux bleus qui formaient comme un espace vide au milieu du visage. Elle déjà avait vu de tels yeux dans le nord de l'Écosse, des yeux qui semblaient refléter le grand vide du ciel.

Isabel se souvenait que dans les maisons d'Ann Street, le salon se trouve toujours au premier. Il lui fit signe de le suivre en haut de l'escalier étroit qui donnait dans l'entrée. Isabel prit note des tableaux accrochés dans la montée et sur le palier : un portrait de femme d'Henry Raeburn se détachant sur un fond de verts et de rouges opulents, une nature morte de Cadell, une gravure représentant la cour d'un prince indien.

– Moi aussi, j'ai un Cadell, dit Isabel. Assez différent. Une de ses femmes en chapeau.

Il était toujours devant elle et ne se retourna pas. Elle se sentit offensée et trop irritée pour laisser passer cette grossièreté.

– Monsieur Finesk, dit-elle d'un ton sec. Vous n'êtes pas content de me voir, c'est visible. Toutefois, je vous rappelle que vous m'avez permis de venir vous rendre visite. À ce titre, vous me devez un minimum de courtoisie.

Il s'immobilisa aussitôt et se retourna. Il semblait incapable de trouver ses mots.

– Comment osez-vous ?

Elle soutint son regard. Il y avait de l'indignation dans ses yeux pâles.

– Pourquoi dites-vous ça ?

Il ferma à demi les yeux. Quand il parla, il bredouillait, la colère semblait le priver de ses moyens.

– Vous m'avez écrit une lettre de menace grossière, que j'ai failli porter à la police, et aujourd'hui vous avez le culot de venir chez moi. C'est pour ça que je vous demande comment vous osez. Et je le répète. Vous…

Il dut remarquer l'expression stupéfaite d'Isabel ; sa tirade tourna court.

– Je crois qu'il faut tirer cette histoire au clair, dit Isabel. Il y a manifestement un énorme malentendu.

Il la fit entrer dans le salon et lui indiqua un siège. Un changement subtil s'était opéré ; sa politesse naturelle reprenait le dessus.

– Qu'est-ce que c'est que cette lettre ? Je ne vous ai jamais écrit !

Il la regarda fixement.

– Mais vous…

– Je le répète. Je ne vous ai jamais écrit.

– Alors…

– Toute lettre de moi ne peut être qu'un faux.

Elle dominait maintenant la situation, et se sentit assez détendue pour regarder les tableaux accrochés aux murs. Un second Cadell, un paysage de collines méditerranéennes de Redpath, vu dans l'embrasure d'une fenêtre. Son regard revint sur lui.

– Que disait cette lettre ?

– Que vous aviez été engagée par Minty Auchterlonie pour enquêter sur les incidents qui se sont produits chez elle. Vous ajoutiez que vous possédiez des photographies qui m'incriminaient, que vous alliez transmettre à son avocat, pour entamer des poursuites à moins que...

– À moins que...

– À moins que ce que vous appeliez des « conflits commerciaux » soient réglés.

– Ce que *moi* j'appelle des « conflits commerciaux » ?

L'irritation croissante d'Isabel produisit un nouveau changement dans l'attitude de George Finesk ; il était maintenant contrit.

– Je suis désolé. C'était ce que disait la lettre, même si ce n'est pas vous nécessairement.

– Certainement pas moi, déclara Isabel avec force.

– Très bien.

Isabel remarqua avec intérêt que George Finesk s'était adouci bien rapidement. Il ne la connaissait pas, et n'avait aucun moyen de vérifier qu'elle disait la vérité. Pourtant, il semblait en être persuadé. Elle comprenait la raison de ce revirement. Tous les deux appartenaient au même milieu. L'idée la mettait mal à l'aise, car ce sont des présupposés de ce type qui creusent les inégalités sociales, qui font qu'une appartenance commune procure un sentiment de considération et préserve des soupçons : entre gens du même monde, on ne ment pas, on ne triche pas, on n'envoie pas de lettres de menace comme celle que George Finesk avait reçue.

Ils se mirent à parler. Isabel lui raconta, sans donner de détails, que Minty lui avait demandé de s'occuper d'une autre histoire et Isabel la soupçonnait de l'avoir présentée pour ce qu'elle n'était pas. Apparemment, elle avait récidivé.

– Je comprends ce qui s'est passé, dit-elle. Et je dois dire que j'ai du mal à le croire. Minty voulait vous faire peur. Elle s'est servie de moi en écrivant cette lettre.

– Mais pourquoi ? Qu'est-ce qu'elle cherche ?

– Cela lui permet de se couvrir. Quand on veut menacer quelqu'un, il vaut mieux le faire par personne interposée. C'est plus sinistre, mais aussi plus sûr. On ne laisse pas de traces.

George Finesk baissait les yeux. Isabel attendait qu'il parle, mais il restait silencieux, contemplant ses pieds.

– Pourriez-vous me dire ce qui s'est passé entre vous et Minty Auchterlonie ?

Il releva la tête. Elle vit qu'il avait rougi.

– C'est une voleuse. Purement et simplement.

Encore une fois, Isabel attendit.

– Vous ne me croyez pas, on dirait.

– Vous ne m'avez pas dit grand-chose, répondit Isabel. C'est difficile d'arriver à une conclusion sans connaître les faits.

George la regarda d'un air incrédule, comme si elle persistait à nier une évidence.

– Vous savez qu'elle dirige une banque d'investissement ?

Isabel hocha la tête.

– C'est une femme très puissante, m'a-t-on dit.

Il leva les yeux au ciel.

– Une chaise électrique aussi, et c'est à peu près aussi agréable.

Isabel sourit en imaginant Minty branchée sur le secteur, les yeux lançant des regards mauvais.

– J'ai acheté des actions dans sa banque, expliqua George. Un gros paquet. Ces actions provenaient de ses propres parts dans la banque. Et puis, quelques semaines après avoir conclu l'accord, elle a vendu une partie des actifs de l'établissement, dont certains tout à fait classiques. Mais parmi les actifs vendus se trouvait une grosse participation dans une société qui disposait d'une licence d'exploitation pour les énergies renouvelables, qui a beaucoup de valeur.

Isabel demanda ce qu'était cette licence.

– L'autorisation de placer des turbines sur des fonds marins, dit George. Le littoral écossais connaît de fortes marées.

Isabel se souvint du tourbillon de Corryvreckan.

– Jura, dit-elle, le Corryvreckan.

– Précisément. Personne ne projette d'y mettre un générateur. Mais quand on pense à cette masse d'énergie ! C'est un secteur en plein développement. Si on arrive à couvrir un quart de nos besoins énergétiques à partir de sources renouvelables, alors...

Isabel dut le presser de revenir à Minty.

– Oui, bien sûr. Vous voulez dire qu'elle n'avait pas le droit de vendre cette participation ?

George rougit à nouveau.

– On peut vendre des actifs, les banques font ça tous les jours. Mais si elles se les vendent à elles-mêmes, elles doivent prendre des précautions. Il faut les vendre à leur juste prix.

Isabel ne comprenait pas.

– Elle se les est vendues à elle-même ?

– C'est ça. Avec l'argent qu'elle a retiré de la vente de ses parts dans la banque. En d'autres termes, mon argent. Et c'est alors qu'on a découvert que la société en cause avait cette licence, ce que tout le monde ignorait. Du moins, c'est ce que prétend Minty. Donc, cette licence était potentiellement très profitable, et c'est Minty qui l'a récupérée. Si elle m'avait prévenu qu'elle allait vendre ces actifs-là, ç'aurait été différent, mais elle ne m'en a rien dit.

Il regarda par la fenêtre, en direction du jardin, comme s'il cherchait comment illustrer le scandale qu'il venait de décrire.

– Elle prétend qu'elle ne savait pas que la société possédait cette licence quand elle a acheté ces actions. Elle ment.

Il avait craché ce dernier mot, qui restait suspendu entre eux. Sa rage semblait remplir la pièce. Ils ne disaient mot. La colère ne sert à rien, se disait Isabel. C'est une émotion compréhensible, mais qui nous rend méconnaissable.

Isabel rompit enfin le silence.

– Vous pouvez porter plainte ?

– J'ai pris conseil d'un avocat, soupira George. La réponse, c'est que ce sera très difficile de prouver qu'elle connaissait l'existence de cette licence. On m'a conseillé de ne pas faire de procès. L'avocat m'a dit que c'était moralement répréhensible. Vous parlez d'une consolation ! La morale ne veut rien dire pour une femme comme elle. Moins que rien.

– Pour qu'il y ait contrat moral, il faut partager les mêmes valeurs, observa Isabel. Nous ne partageons pas les valeurs des psychopathes. Cela vous ennuierait de me montrer la lettre ?

Il ne fit pas de difficulté pour aller la chercher. Il revint quelques minutes plus tard avec une feuille de papier couleur crème pliée en deux. Isabel parcourut la lettre rapidement et étudia la signature au bas de la page. C'était la sienne. Elle leva les yeux, se replongea dans la lecture : le livre d'or, évidemment. Minty pensait aux moindres détails, même s'ils étaient superflus.

– Avec la lettre, il y avait cela, dit George en tendant à Isabel une photo.

C'était un plan fixe extrait d'un film de vidéosurveillance, qui montrait George Finesk sur un fond de pelouse et d'arbres. Au bas du cliché, il y avait un chiffre : l'heure où George était entré dans le champ de la caméra de sécurité.

– Où est-ce que ça a été pris ?

– Devant chez elle. Je reconnais y être allé, je voulais la voir, lui parler de notre transaction. Elle n'était pas là. C'est tout.

– Et la date ?

– C'est la date d'un des incidents. J'ai mal choisi mon jour.

– On dirait, fit Isabel.

Sur sa gorge elle vit battre une veine, faible mouvement sous la peau. Il avait les yeux fixés sur elle.

– Mais je n'ai pas mis le feu à la serre, ou je ne sais où, comme elle m'en accuse.

– Bien sûr. Elle vous a persuadé d'abandonner votre... campagne contre elle ?

– Je ne peux pas prendre le risque d'une enquête de police, même pour quelque chose que je n'ai pas commis.

Isabel l'assura qu'elle le comprenait. Édimbourg est un village où tout se sait. Une réputation peut être compromise par une rumeur, même entendue lors d'un dîner et invraisemblable.

Elle se leva. Il l'imita, ayant tout à fait retrouvé ses bonnes manières.

– Laissez-moi vous offrir une tasse de thé, dit-il.

Elle déclina son offre en le remerciant.

– Je suis désolé, dit-il après un instant d'hésitation, pardonnez mon manque de courtoisie.

– Je comprends très bien ce que vous avez ressenti.

Elle se dirigea vers la porte. À ce moment, une grande femme apparut sur le palier. Elle avait les mêmes yeux que George. Sa sœur, se dit Isabel.

– Je vous présente ma femme, Angela.

Isabel lui serra la main.

– Je crois savoir qui vous êtes, dit Angela.

Elle mentionna le nom d'une connaissance mutuelle.

– En Inde, ajouta George, nous vivions à l'extérieur d'un village. Maintenant que nous sommes rentrés en Écosse, nous nous apercevons que nous vivons dans un village.

– Oui, on a parfois cette impression, répondit Isabel en souriant.

Il y avait quelque chose de déconcertant dans le regard de cette femme. Ce n'était pas un air hostile, ni réservé. Mais il était clair qu'elle avait quelque chose à dire.

– Je vais raccompagner Isabel, proposa Angela, sur un ton assez péremptoire.

George acquiesça sans murmurer. C'est elle qui prend les décisions, songea Isabel. Elles descendirent l'escalier, Angela la première.

– Vous êtes mariée ? interrogea celle-ci, une fois dans le hall d'entrée.

La question était inattendue, presque brutale.

– Je vais bientôt me marier, répondit Isabel.

Angela hocha la tête.

– Alors vous me comprendrez si je vous dis qu'il y a certains défauts avec lesquels il faut apprendre à vivre. C'est aussi valable pour un fiancé que pour un mari. On arrive à les surmonter.

– Au fur et à mesure, on en découvre davantage, je suppose.

– C'est vrai, dit Angela.

Elles étaient parvenues à la porte. Angela dut se battre avec la serrure.

– Il faut que je la fasse réparer. Elle se coince.

Elle tira très fort et la porte s'ouvrit. Dehors, Isabel fut frappée par le parfum musqué d'un arbuste en fleur, qui alourdissait l'atmosphère. Des sceaux de Salomon, se dit Isabel en se penchant vers les rangées de fleurs blanches délicates suspendues dans l'air.

La femme prit Isabel par le bras et la serra très fort. Elle portait une aigue-marine sertie dans une large bague, un bracelet d'or. Des taches sur les mains, sans doute le soleil indien.

– Je sais pourquoi vous êtes venue, dit Angela. Je suis au courant de votre lettre.

– Ce n'est pas tout à fait ce que vous croyez... commença Isabel.

– Je vous en prie, interrompit l'autre. Je vais vous dire : George ne voulait pas vraiment faire ça, ce n'est pas du tout son genre.

Isabel ne comprenait pas.

– Faire ça...

Encore une fois, elle fut interrompue par Angela.

– Il n'aurait jamais dû causer tous ces dégâts, ni tout le reste. Mais il était tellement furieux envers cette femme. C'est un homme juste : il n'a pas supporté que cette femme s'en tire avec impunité. Je crois qu'il a craqué. Il sait bien que la violence et les menaces, ce n'est pas une solution, mais il est humain après tout, comme nous tous.

Elle posa sur Isabel un regard implorant.

– Ne faites rien contre lui, murmura-t-elle. Je vous le demande, de femme à femme. Il ne recommencera plus, je vous le promets.

CHAPITRE 17

En rêve, Isabel avait entendu sa tante de Mobile lui enjoindre de finir ce qu'elle avait commencé. C'était le genre de précepte que l'on inculque aux enfants dès qu'ils sont capables de comprendre le sens des mots. Les conseils que l'on reçoit en rêve, en réalité, on se les prodigue à soi-même. Pouvait-on en déduire qu'elle avait une double personnalité ? Un moi sage, prudent et réfléchi, associé à un autre moi, paresseux, déficient, voire rétif ?

Elle décida de ne pas se laisser entraîner dans cette direction. Elle remarquait, tout au plus, une tension entre des désirs antagonistes. Isabel Dalhousie n'avait qu'un seul moi, qui devait peser les options et opérer des choix. Toute autre analyse mènerait à l'hypothèse ridicule et dangereuse d'une personnalité multiple ; il n'en était pas question. Et pourtant… Et pourtant, c'était si tentant d'avoir deux identités entre lesquelles on peut choisir selon les circonstances. Nous sommes tous partagés entre le moi privé, lorsque nous sommes seuls, et le moi public, lorsqu'on nous observe. Les différences sont en général minimes ; dans l'absolu, il faudrait abolir toute différence. Chez certains, cependant, il y a un écart sensible. Même un saint peut se montrer irritable en privé, et jurer tout bas s'il se cogne un orteil. Dans l'intimité, les grands de ce monde ont sans doute leurs moments de détente, où ils laissent le champ libre à l'enfant qu'ils portent en eux.

En se rendant ce soir-là chez Minty Auchterlonie, Isabel songeait qu'elle était en train de finir ce qu'elle avait commencé, ou qu'elle en avait l'intention. C'était ce que lui dictait sa conscience, et aussi ce que Jamie désirait. Sur ce point, comme sa tante vue en rêve, il avait raison : Minty était un fantôme qu'il fallait bannir. Comment s'y prendre ? Se plaindre d'avoir été manipulée et exiger des excuses ? Ou simplement, la sermonner et lui faire comprendre qu'elle, Isabel, refusait de servir de caution aux manœuvres et aux mensonges dont Minty usait pour se tirer d'un mauvais pas ? Il y avait une troisième possibilité : rouler jusqu'à Nine Mile Burn et rebrousser chemin en direction d'Édimbourg, en oubliant toute cette histoire. Elle faillit se ranger à cette option. Mais quand elle dépassa Nine Mile Burn, elle n'avait pas encore commencé à ralentir vraiment. Un nouveau paysage s'ouvrait devant elle : elle devinait au loin la maison de Minty, petit carré blanc posé dans les replis du terrain, sur un fond de collines bleues, et d'horizon bleu aussi.

Isabel avait prévenu Minty de sa visite. Elle emprunta l'allée, faisant crisser sous ses pneus le mélange coûteux de gravillons gris et roses. Minty l'attendait à la porte, avec entre les mains un magazine ou des documents, c'était difficile à distinguer. Elle rentra dans la maison pour s'en débarrasser et ressortait quand Isabel se gara devant la maison.

– Je sais que ce n'est pas la peine de vous offrir à boire, dit-elle, très chaleureusement. C'est l'avantage de vivre à la campagne. Les gens qui viennent vous voir sont obligés de prendre la voiture et on n'a pas à stocker tout un tas d'alcools.

– J'aimerais du thé, dit Isabel en souriant poliment. Si c'est possible.

– Bien sûr. Tout ce que vous voudrez.

Isabel regretta immédiatement sa requête. Elle ne désirait pas transformer cette entrevue en conversation polie autour d'une tasse de thé, car Minty en profiterait pour continuer à contrôler la situation, ce pour quoi elle était très douée.

– Finalement, non, dit Isabel. Je ne prendrai rien...

Minty fronça les sourcils, mais se ravisa vite et son sourire revint.

– Ça ne me dérange pas du tout.

Isabel, devinant que Minty allait l'inviter à entrer, se retourna vers le pré.

– La soirée est si belle, dit-elle. Nous pourrions peut-être aller par-là ? Il doit y avoir une vue splendide.

Minty regarda l'horizon, derrière Isabel.

– On dirait que la pluie arrive de notre côté.

– Mais pas tout de suite, insista Isabel. On y va ?

Minty céda. Elles se dirigèrent vers le massif d'arbustes au fond du jardin. Au-delà de cette limite, des champs, des bois, et enfin les collines.

– J'espère que vous allez accepter d'écouter ce que j'ai à vous dire. Ce ne sera peut-être pas très agréable.

Le visage de Minty respirait l'innocence.

– Mais qu'est-ce que vous pourriez avoir à me dire de si désagréable ?

Isabel alla droit au but.

– Vous vous êtes servie de moi. Vous m'avez fait passer pour...

– Ce que vous n'êtes pas ? coupa Minty. Je vous ai expliqué, rappelez-vous. Je vous ai tout dit, au restaurant. Je vous ai dit ce qui se passait.

– Et George Finesk ? Et la lettre que vous avez écrite ?

Isabel trouvait plus facile de dire ces choses en marchant.

– George Finesk ?

– Vous savez très bien de quoi je parle.

Minty sembla hésiter.

– George Finesk a causé des dégâts dans ma propriété, sans aucune raison. J'ai des preuves.

– Oui, mais vous ne m'en avez rien dit, répliqua Isabel. Vous m'avez fait croire que vous soupçonniez Jock Dundas. Et vous saviez pertinemment que c'était George le coupable.

– Et alors ?

Isabel s'arrêta, et fit un pas de côté pour faire face à Minty.

– Vous vous êtes servie de moi. Vous avez imité ma signature.

Isabel regardait Minty droit dans les yeux, espérant voir l'effet de la vérité sur elle. Mais il ne se passa rien. Minty la fixait aussi, l'air interdit. Isabel trouvait étonnant qu'elle parvienne à contrôler même l'expression de son regard.

– Je ne vous ai pas fait de mal, n'est-ce pas ? lança Minty. J'avais… disons… deux petits problèmes à régler. Et je l'ai fait, certes avec votre aide, ce dont je vous suis très reconnaissante. Deux femmes qui s'entraident contre des hommes mal intentionnés. Mais si c'est de l'argent que vous voulez, il n'y a pas de problème…

– Je ne veux pas d'argent, siffla Isabel. Je veux…

Mais que diable voulait-elle au juste ?

– Je veux des excuses.

Minty n'hésita pas une seconde.

– Naturellement. Je suis désolée. Je suis désolée si mes méthodes pas très conventionnelles vous ont offusquée. Mais vous devez bien reconnaître que ça a marché.

Minty recula soudain d'un pas.

– Excusez-moi, je me sens un peu claustrophobe quand je suis trop près des gens.

– Pourquoi ? Parce que ça vous oblige à voir qu'ils existent vraiment ?

– Je ne comprends pas ce que vous voulez dire.

– Mais si, vous comprenez très bien.

Minty regarda sa montre.

– Écoutez, il est presque huit heures. J'ai des choses à faire. Gordon…

Isabel regarda vers la maison, par-dessus l'épaule de Minty. Il y avait de la lumière dans une des pièces de devant. Elle vit une silhouette passer devant la fenêtre. Elle se dit que ce serait finalement très facile.

– Gordon n'est pas au courant.

Minty se retourna soudain.

– Quoi ?

– Je disais que Gordon n'est pas au courant de votre liaison avec Jock…

Minty resta silencieuse un moment. Elle rougissait. De colère ? De peur ?

– Vous lui diriez ?

Elle parlait d'une petite voix, comme si quelque chose lui serrait la gorge.

Isabel mesurait la signification de cette réaction. Quel sentiment étrange que d'être en position de force, d'avoir l'autre à sa merci… Elle imaginait très bien qu'on y prenne plaisir – par manque de confiance en soi, par perversité, ou par simple cruauté.

L'heure du choix décisif était venue, et c'était finalement très facile. Aucune voix en elle ne criait : « Vas-y, menace-la ! » Sa conscience avait un tout autre message : « Ce serait mal : il faut pardonner. »

– Je vous ai promis de garder le secret et je le garderai.

Le soulagement de Minty était palpable.

– Très bien.

– Je note, dit Isabel sèchement, que vous avez dit « très bien » et non pas « merci ».

– Merci.

– Après coup.

Isabel avala sa salive. Son cœur s'était mis à battre très vite, comme toujours dans ces moments-là. Minty, elle, ne savait sans doute pas ce que c'était que d'avoir le cœur qui bat la chamade.

– Une dernière chose, dit Isabel. Vous m'avez fait du tort, mais vous avez également fait du tort à d'autres, à George Finesk par exemple.

Minty écarquilla les yeux.

– George Finesk ? Je vais vous dire. Ce type a un différend avec moi, une simple histoire financière. C'est lui qui a dépassé les bornes.

Isabel ne détournait pas son regard.

– Mais je sais ce qui s'est passé. Vous auriez dû le prévenir que vous alliez vendre ces actifs.

Minty avait maintenant pris un air amusé.

– Mais je lui ai dit, il était au courant. Tout a été mis sur la table.

– Il dit que non.

– Il ment, répondit Minty après un silence.

Elle chercha à voir l'effet de ces mots sur Isabel.

– Vous ne savez pas deviner lorsque quelqu'un ment ?

Non, pensa Isabel. On dirait bien que non. Elle détourna les yeux. Aurait-elle le courage de défier Minty ?

– Les gens mentent beaucoup, vous ne trouvez pas ? Moi, par exemple, je mentais peut-être quand je vous ai promis de ne rien dire à Gordon. Qu'est-ce que vous en pensez ?

Minty, pétrifiée, voulut répondre, mais aucun son ne sortit de sa bouche. Ses yeux étaient deux rayons froids fixés sur Isabel.

– En tout cas, moi, je ne mentais pas. Mais dites-moi, est-ce que vous avez entendu parler du paradoxe du menteur ?

Minty avait l'air perplexe. Ce que recherchait Isabel, c'était justement de l'attirer sur son propre territoire.

– C'est un concept dont débattent les philosophes, expliqua Isabel. Un Crétois déclare : « Tous les Crétois sont des menteurs. » Mais comme il est Crétois lui-même... Pour revenir plus près de nous, je pourrais vous dire : « Tous les Écossais sont des menteurs occasionnels », ce qui est sans doute vrai. Impossible de trouver une seule personne qui n'ait jamais menti à un moment de sa vie. On ment pour la bonne cause, on ment beaucoup quand on est enfant. Ce que je veux dire, c'est qu'il ne faut peut-être pas croire tout ce que vous raconte un Écossais. Mais bien sûr, je suis moi-même écossaise, alors...

Elle sourit.

– Cette conversation est ridicule, ajouta-t-elle. Ne faites pas attention. Mon métier, c'est la philosophie, vous comprenez, et nous sommes tous très bavards. Nous aimons échafauder des hypothèses étranges et irréalistes...

Minty l'observait attentivement, mais Isabel se sentait maintenant sûre d'elle. Quand on approche ce genre d'êtres malfaisants, on s'aperçoit qu'ils sont sordides et banals. Vue de près, Minty Auchterlonie n'avait rien d'impressionnant ou de sinistre. Elle était simplement ordinaire.

– Oui, continua Isabel, j'aime ce genre de réflexions philosophiques. Et je me demande s'il ne serait pas opportun, dans un cas comme celui-ci, de penser à un dédommagement. Et vous, Minty, vous aimez ce genre de discussions ?

Minty était restée parfaitement immobile.

– Oui, je vais faire quelque chose, dit-elle.

Isabel l'étudia. Elle mentait, encore une fois. Mais Isabel avait assez joué avec Minty. Ce n'était pas à elle de la punir.

– Je ne vous crois pas.

Elle hésita avant de conclure.

– Vous n'avez sans doute pas compris ma position. Je voudrais vous rassurer. Quand je vous ai promis de ne rien dire à Gordon, je parlais sérieusement. Vous pouvez me faire confiance.

Sur le chemin du retour, il lui fallut du temps pour retrouver son calme. Pourtant dès l'embranchement de Flotterstane, elle se sentait à nouveau elle-même. Son entrevue avec Minty Auchterlonie n'avait pas été une perte de temps ; elle ne s'était pas laissé dominer par la colère. Que ce serait-il passé si elle avait cédé à la tentation et obligé Minty à dédommager George Finesk sous peine de mettre Gordon au courant ? Elle avait pris la bonne décision, et tout autre choix aurait signifié qu'elle acceptait les règles édictées par Minty. Or, à ce jeu, Minty avait toutes les chances de gagner.

Dans la direction de Roslin et Dalkeith, l'air du soir semblait avoir lavé le paysage, comme l'aquarelliste trace une mince ligne de bleu pâle pour estomper les contours. Il s'en exhalait un sentiment de paix, de demi-sommeil, une transition avant l'obscurité qui ne tomberait que dans une ou deux heures. Elle adorait le panorama de ce petit coin de terre où la ville allait se dévoiler, une fois contournées les pentes de Hillend.

Quand elle arriva chez elle, Charlie était déjà endormi.

– J'ai essayé d'attendre, dit Jamie, mais il tombait de sommeil.

Ils entrèrent sur la pointe des pieds dans la chambre de Charlie. Elle se pencha pour lui déposer un baiser presque imperceptible sur la tempe. Ses cheveux sentaient le shampooing pour bébé. À côté de lui, son renard, les yeux au plafond, faisait preuve de cette patience dont les animaux en peluche ont le secret. Elle repensa à Maître Renard, qui devait se sentir mieux à présent, sans savoir pourquoi sa blessure avait cessé de le faire souffrir. Voilà la meilleure façon de faire le bien, se dit Isabel : quand le bénéficiaire est sous anesthésie, et ne se souviendra de rien. On pourrait ainsi faire des cadeaux à ses proches pendant leur sommeil, ou lorsqu'ils sont occupés ailleurs.

Ils redescendirent. Jamie avait préparé une salade raffinée, à déguster avec du saumon sauvage et des petites pommes de terre nouvelles. Elle remplit deux verres de vin blanc néo-zélandais, sec et bien frais, et lui raconta sa visite.

– Donc, c'est la fin, dit Jamie. Une drôle de fin.

Isabel aussi trouvait ce dénouement étrange, quoique tout à fait approprié.

– J'aurais été mal à l'aise si ça s'était terminé autrement, confia Isabel. J'en suis sûre.

Il réfléchit quelques instants.

– Tu n'as rien fait de mal.

– Je n'ai pratiquement rien fait, tu veux dire. Tout s'est passé en dehors de moi, je n'étais qu'un pion entre ses mains.

– C'est vrai, mais je crois que tu lui as quand même appris quelque chose.

– Tu crois ?

– J'en suis sûr. Elle n'en fera qu'à sa tête, mais elle a peut-être reçu une leçon.

Il sortit le saumon du réfrigérateur et prépara la poêle à frire.

– Je t'adore dans ton tablier, dit-elle. Pourquoi les hommes portent-ils aussi bien le tablier ?

Jamie n'en avait pas la moindre idée. Totalement dénué de vanité, il ne pensait pas à son physique.

– Au fait, dit-il soudain en posant les tranches de saumon dans la poêle. Guy Peploe a téléphoné.

Isabel leva la tête.

– Au sujet du portrait ?

– Oui. Il a laissé un message, car il part à Londres demain et risque de ne pas être joignable. Son intuition a été confirmée. Ce n'est pas le portrait qui a disparu, c'est l'œuvre d'un Italien, je crois me souvenir.

– Dupra ? Je vois.

Elle eut un pincement de déception.

– Il m'avait prévenue. Mais j'aime quand même ce tableau, et je suis contente qu'on l'ait acheté.

– C'est le principal, répondit Jamie. J'ai souvent réfléchi à la valeur que l'on accorde aux objets authentiques. Finalement ça n'a pas d'importance. Si un violon sonne comme un Strad, qu'est-ce que ça fait que le luthier soit moins renommé ?

Isabel allait répondre dans le même sens, mais elle songea que parfois, l'authenticité compte.

– Si on s'intéresse à la provenance des choses, c'est important. Si on ne pense qu'à l'usage qu'on va en faire, ça ne change rien.

– Si je composais quelque chose qui ressemble à du Mozart, est-ce que ce serait aussi précieux que l'original ?

– Pour moi, oui, répondit Isabel en souriant.

Il détourna les yeux, embarrassé. Mais il retrouva vite son sourire et la regarda en face.

– Merci.

Jamie retourna à son fourneau et Isabel alla jusqu'à la fenêtre. Ses yeux se posèrent sur une plante à l'étrange couleur violet clair, au pied d'un mur : la touffe de valériane vivace qui revenait, fidèle au poste, chaque année, sans qu'elle ait à s'en occuper. Comme le pavot, la valériane aide à l'endormissement. En allemand, cela se dit *Baldrian*. Elle le savait parce qu'un visiteur allemand, professeur de philosophie, la remarquant dans le jardin d'Isabel, avait employé ce nom et expliqué qu'il provenait du dieu scandinave Baldur qui incarne la lumière : « Si bon et si fidèle qu'il éclaire tout autour de lui. » Hormis Baldur, seule une petite minorité possédait cette qualité. Combien y en avait-il en Écosse ? Dix ? Vingt ?

Sa pensée revint au tableau et au message de Guy. Les choses ne sont pas ce qu'elles paraissent être au premier abord. Si c'est parfois sans conséquence, ce peut être crucial à d'autres moments. Peu importait que le portrait de Bonnie Prince Charlie ne fût pas ce qu'elle avait espéré : le prince lui-même ne correspondait pas vraiment à ce qu'attendaient ses nombreux partisans. Il s'était montré piètre général, avait péché par orgueil et semblait avoir été assez infatué de lui-même, comme la majorité des derniers Stuarts. Minty n'était visiblement pas ce qu'elle prétendait être, pas plus que George Finesk, ou Jock Dundas. Elle n'aurait jamais dû s'y fier ; elle s'était montrée naïve. Cette conclusion revenait sans ambiguïté à préconiser le cynisme et Isabel n'y était pas prête. Elle trouvait la naïveté bien préférable au cynisme.

Une fois le saumon cuit, Jamie servit les pommes de terre et posa le saladier sur la table.

– Absolument délicieux, s'exclama Isabel.

Mais elle regardait ailleurs et Jamie vit qu'elle pensait à autre chose. Il supposa que c'était caractéristique de tous les philosophes, et pas seulement de la sienne.

– Il faudrait inviter Cat et Bruno à dîner, dit-elle enfin. La semaine prochaine ?

Elle n'en avait pas envie, mais elle devait faire cet effort. L'animosité agit toujours tel un poison lent et insidieux, qui étouffe tout autour de lui. Il fallait qu'elle s'efforce d'apprendre à aimer Bruno, en dépit des obstacles.

Jamie secoua la tête.

– Je crains que ce ne soit trop tard.

Il annonça la nouvelle d'un ton très neutre.

– Je crois qu'ils ne sont plus ensemble.

Isabel s'y attendait. Sa nièce Cat était incorrigible, et cela lui faisait honte. Mais elle était contente, et ses bonnes intentions furent bien vite balayées par le plaisir que lui procurait cette rupture. Isabel était humaine, pétrie de bons sentiments, mais aussi de faiblesses. Devant la fin annoncée de Bruno, elle renonça à tout triomphalisme, et même à un soulagement légitime, et se contenta de demander à Jamie comment il avait appris la nouvelle.

– C'est Eddie qui m'a fait des confidences.

Isabel sentit son plaisir s'évaporer. Eddie n'était pas très fiable.

– Eddie est allé assister à un spectacle dans le parc des Meadows, poursuivit Jamie. Une sorte de préfiguration de ce qui va se passer en marge du Festival, avec des acteurs, des jongleurs, des musiciens, comme d'habitude. Et Bruno y faisait une démonstration de corde raide.

Isabel imaginait la scène, les couleurs, la musique, et ce léger arôme de marijuana combiné à du parfum bon marché.

– Le fil n'était pas très haut, à peu près six mètres, d'après Eddie. Il faisait toutes sortes d'acrobaties, sauter, pédaler sur un vélo à une roue, tu vois ?

Isabel imaginait Bruno avançant précautionneusement sur sa corde avec ses talonnettes. Non, bien sûr, il enlevait ses chaussures pour enfiler des chaussons en cuir d'agneau souple. Elle se demanda si on fabriquait des chaussons à talonnettes.

Jamie la regardait.

– Tu te retiens de rire ?

Elle put l'assurer sans mentir que ce n'était pas le cas. Mais elle sentait bien que l'envie de rire rôdait non loin, détruisant toutes ses bonnes résolutions.

– Bref, il marchait sur la corde. Cat et Eddie le regardaient d'en bas. Et puis soudain, Cat l'a appelé et lui a fait un signe de la main. Eddie m'a raconté qu'elle était très fière de le voir là-haut, admiré par tout le monde.

– J'imagine, dit Isabel.

Mais pas par moi, se dit-elle.

– Il s'est retourné, distrait, et il est tombé.

Isabel s'arrêta de respirer.

– Il semble qu'il ne soit pas blessé, ou très légèrement. Il s'est un peu tordu la cheville, mais il s'est relevé tout seul. Alors il s'est dirigé vers Cat.

– Et alors ?

– Il s'est mis à hurler, à vitupérer devant la foule. Et puis il est parti tout seul, furieux. D'après Eddie, Cat était en larmes. Depuis, on n'a pas vu trace de Bruno. Pas d'excuses, rien.

Isabel se disait qu'il vaut mieux faire cette douloureuse découverte avant le mariage.

– La chute de Bruno, murmura-t-elle.

– Je le crains. Ne laissons pas refroidir le saumon.

Elle souleva ses couverts. Cat avait commis beaucoup d'erreurs, et ce n'était sans doute pas fini. Un jour, elle prendrait le temps d'analyser ses choix en matière de partenaires. Tous avaient été plus ou moins ineptes, à l'exception de Jamie. Justement parce qu'il était si apte au bonheur, Cat ne l'avait pas retenu. Pauvre Cat : comment pouvait-elle être si aveugle ?

Ils échangèrent un regard.

– Soyons sincères, dit Jamie, ç'aurait été un désastre. Rien que les talonnettes…

Isabel pensait surtout à son mauvais caractère, mais reconnaissait que les talonnettes constituaient un obstacle majeur. Sans parler du fil et des cascades. Et de *Pétrole*.

– Tu as raison, dit-elle.

Ils terminèrent leur repas.

– J'ai composé un morceau aujourd'hui, dit Jamie. La musique est de moi, pas les paroles. Tu veux l'écouter ?

Isabel proposa de préparer le café et de l'apporter dans le salon de musique, pendant que Jamie s'installerait.

Seule dans la cuisine, elle se mit à moudre le café, en savourant l'arôme. Elle repensait à l'Italie, à ce petit bar de Sienne où elle dégustait le café avec ses amis, accoudée à une table haute. Il y avait si longtemps, elle n'était plus la même ; ses amis s'étaient dispersés aux quatre coins du globe, comme tant d'autres. Étaient-ils heureux ? C'était les seules choses qu'elle leur souhaitât, bonheur et sagesse, si leur cœur y étaient ouvert. Ces deux principes fondamentaux, ces fondements du Bien. J'ai eu tellement de chance et Cat si peu, pensa Isabel. Elle rendait grâce pour sa propre chance. Elle espérait que les choses s'arrangeraient pour Cat, tout en craignant le contraire. Nous sommes condamnés à répéter nos erreurs, et pour certains, cela dure toute la vie, et ils resteront jusqu'à leur dernier jour des enfants qui n'ont jamais rien appris.

Elle apporta le plateau du café dans le salon de musique et le posa sur la petite table à côté du piano. Jamie répétait un accord, doucement. Isabel s'assit et attendit qu'il commence.

– Vas-y.

Isabel eut l'impression qu'il rougissait. Il avait joué si souvent devant elle qu'elle s'étonnait qu'il fût embarrassé.

– Qu'est-ce qui se passe ?

– Je ne sais pas bien ce que ça va donner.

Elle chercha à le rassurer.

– Ce sera très bien, comme toujours. Mais si tu préfères ne pas jouer...

– Si, si.

Elle lui demanda si le morceau avait déjà un nom.

– Non, répondit-il après un temps de réflexion, je n'en veux pas. C'est juste une mélodie sans importance.

– Ça parle d'olives ? de gratin dauphinois ?

– Je pense que personne n'a jamais écrit de mélodie pour le gratin dauphinois, répondit Jamie en souriant.

Il joua un autre accord, comme s'il cherchait quelque chose dans les sonorités du piano.

– Le sujet, c'est la perte. Cet instant où l'on retrouve un objet qu'on croyait perdu.

Jamie s'assit à côté de lui sur le tabouret. Je ferai bien dix mille kilomètres pour toi, pensa-t-elle. Et elle savait maintenant que ce sentiment était mutuel. Mais ceci formerait le sujet d'une autre chanson, sur un couple de colombes.

Jamie commença.

Ce qu'on perd, on croit le perdre à jamais,
Mais on se trompe : pensez à l'amour.
Si on perd un amour, on croit l'amour disparu
Mais il revient, quand on s'y attend le moins,
Et nous pardonne notre oubli, notre manque de foi
Notre froide indifférence, et plus encore ;
Il revient et dit : « Je ne suis jamais parti. »
L'amour, à notre épaule, chuchote : souviens-toi, c'est tout,
Ne me crois pas parti à jamais.
Je suis toujours là, avec toi, mon pouvoir intact
Vois, je suis là.

La mélodie était simple, mais parfaitement ajustée à leur humeur, comme un vêtement bien coupé. Arrivé au dernier vers, il laissa les notes s'évanouir doucement.

Isabel ne bougeait pas, encore pénétrée de musique, comme Jamie. Ils ne dirent rien pendant un long moment ; et c'est alors que dehors retentit le glapissement. Maître Renard.

Isabel lança à Jamie un regard inquiet.

– J'espère qu'il ne souffre pas.

– Mais non, dit Jamie. Il chante.

Du même auteur
aux Éditions 10/18

LA FEMME QUI ÉPOUSA UN LION, n° 3877

« Les Chroniques d'Édimbourg »
44 SCOTLAND STREET, n° 4137
ÉDIMBOURG EXPRESS, n° 4235
L'AMOUR EN KILT, n° 4352
LE MONDE SELON BERTIE

« Les enquêtes de Mma Ramotswe »
MMA RAMOTSWE DÉTECTIVE, n° 3573
LES LARMES DE LA GIRAFE, n° 3574
VAGUE À L'ÂME AU BOTSWANA, n° 3637
LA VIE COMME ELLE VA, n° 3688
LES MOTS PERDUS DU KALAHARI, n° 3718
EN CHARMANTE COMPAGNIE, n° 3820
1 COBRA, 2 SOULIERS ET BEAUCOUP D'ENNUIS, n° 3975
LE BON MARI DE ZEBRA DRIVE, n° 4097
MIRACLE À SPEEDY MOTORS, n° 4226
VÉRITÉ ET FEUILLES DE THÉ, n° 4297
UN SAFARI TOUT CONFORT, n° 4445

« Les enquêtes d'Isabel Dalhousie »
LE CLUB DES PHILOSOPHES AMATEURS, n° 3931
AMIS, AMANTS, CHOCOLAT, n° 4062
UNE QUESTION D'ATTITUDE, n° 4159
LE BON USAGE DES COMPLIMENTS, n° 4271
LA DOUCE TRANQUILLITÉ DES SAMEDIS, n° 4401
▶ L'IMPORTANCE D'ÊTRE RECONNAISSANT, n° 4489

Impression réalisée par

CPI
BRODARD & TAUPIN

La Flèche (Sarthe), 65622
Dépôt légal : octobre 2011

Imprimé en France